Un GRAND Week-end

MARSEILLE

Quai des Belges, sur le Vieux-Port

MARSEILLE

Dès l'arrivée en haut des marches de la gare Saint-Charles, la ville et son site exceptionnel vous happent. Entre le bleu du ciel et de la mer, le béton des barres HLM, la silhouette de la Bonne Mère, l'ambiance village du Panier, le souk de Noailles, la folie de la Cité radieuse, la passion football, les criques secrètes, les belles villas, la poésie du Mucem et l'animation du Vieux-Port, il n'y a pas une Marseille, mais bien plusieurs. Populaire, authentique et déroutante, la ville se modernise à vitesse grand V autour du quartier d'affaires de la Joliette depuis 2013 et son statut de Capitale européenne de la culture. Le panorama ne serait pas complet sans parler de son charme méditerranéen : le soleil qui brille plus de 300 jours dans l'année, la plage en plein centre-ville, la tradition de la bouillabaisse et des apéros iodés au bord de l'eau, l'accent qui chante et le vent qui souffle. Découvrir Marseille, c'est prendre le risque d'en tomber amoureux !

Vallon des Auffes

Notre auteur, Céline Faucon, écrit pour des magazines sur la mode, le design, la cuisine et le voyage. Picarde de naissance, Parisienne d'adoption et Marseillaise de cœur, elle a exploré plusieurs fois la cité phocéenne pour le guide. Elle aime son ambivalence : son décor de bord de mer et le brouhaha de son quartier d'affaires, le verbe haut des Marseillais et leur accueil à bras ouverts, ses ambiances moitié populaire, moitié bobo, et sa cuisine qui fait voyager.

Notre photographe, Romain Boutillier, travaille en collaboration avec la presse ou l'édition comme portraitiste ou reporter, en plus de ses expositions personnelles. Marseille est pour lui une ville fascinante aux mille facettes, à la fois riche et populaire grâce à son histoire et à son métissage. À ses yeux, la mer confère à la ville un horizon, un parfum et une couleur uniques au monde.

Un Grand Week-end sur les réseaux sociaux

Suivez-nous sur *Facebook*, *Twitter* et *Instagram* **@Ungrandweekend**

Vous y trouverez nos photos coups de cœur, nos expériences uniques et surtout une réponse personnalisée à toutes vos questions.

Et si vous y contribuiez ? Nous aimons beaucoup voir nos guides en voyage : postez une photo de votre guide en situation et taguez-nous, nous partagerons les plus belles photos et récompenserons régulièrement les plus appréciées.

Les incontournables
DE MARSEILLE

LE VIEUX-PORT

C'est le berceau historique de Marseille, là où tout a commencé il y a plus de 2 600 ans. Encadré par le fort Saint-Jean et le fort Saint-Nicolas, animé chaque matin par son marché aux poissons, il symbolise aussi le renouveau grâce à son Ombrière, un OVNI design aussi joli que pratique ! Voir p. 22.

NOTRE-DAME-DE-LA-GARDE

Où que vous soyez en ville, si vous levez la tête, il y a 99 % de chance que vous aperceviez sa statue de Vierge dorée. Surnommée « La Bonne Mère », la basilique veille sur le port depuis 1864. Le panorama depuis sa colline est à couper le souffle. Voir p. 70.

LE PANIER ET LA VIEILLE-CHARITÉ

Vous aimez *Plus belle la vie* ? À vous le Panier, qui a inspiré à la sitcom ses décors de village. Vous ne connaissez pas la série ? Vous tomberez quand même sous le charme de ce quartier populaire escarpé où se cache la Vieille-Charité, chef-d'œuvre architectural de Pierre Puget. Voir p. 32.

LA CATHÉDRALE DE LA MAJOR ET LA VIEILLE MAJOR

Longtemps boudée par les Marseillais, la Major a retrouvé sa superbe depuis que son parvis a été réaménagé. Impossible de rester de marbre face à son architecture romano-byzantine et son immensité. Voir p. 44.

LE MUCEM ET LE FORT SAINT-JEAN

Symbole ultime de Marseille-Provence 2013, son bâtiment façon moucharabieh est désormais le site le plus photographié de la ville ! Signées Rudy Ricciotti, ses coursives deviennent carrément magiques à la nuit tombée. Relié à lui par une passerelle, le fort Saint-Jean, ancienne vigie de l'autorité royale, s'est refait une beauté. Voir p. 41 et 42.

LA CORNICHE KENNEDY ET LE VALLON DES AUFFES

Bruyante et agitée, la Corniche longe la mer sur des kilomètres : d'un côté des collines bordées de villas somptueuses, de l'autre le bleu infini de la mer. En contrebas se trouve le vallon des Auffes, un petit port typique où le temps semble s'être arrêté. Voir p. 73 et 74.

L'ABBAYE SAINT-VICTOR

Coiffé par des fortifications impressionnantes, c'est le plus ancien témoignage de la vie monastique à Marseille. Sa crypte recèle encore quelques vestiges paléochrétiens. Une procession de la Vierge noire s'y tient chaque année le 2 février, jour de la Chandeleur. Voir p. 68.

LE PALAIS LONGCHAMP

Il trône, impérial, tout en haut du boulevard Philippon. Construit pour fêter l'arrivée du canal de la Durance en centre-ville, symbolisé par une fontaine monumentale, il abrite aujourd'hui le musée des Beaux-Arts dans son aile gauche, et le Muséum d'histoire naturelle dans son aile droite. Voir p. 54.

LE STADE VÉLODROME

Impossible d'éviter le sujet foot à Marseille : même les plus réfractaires au ballon rond se soucient des résultats de l'OM les soirs de match ! Tout beau tout neuf, et désormais recouvert d'un toit translucide, le Vélodrome peut accueillir jusqu'à 67 000 supporters. Voir p. 82.

LE PARC ET LE MUSÉE BORÉLY

À deux pas des plages du Prado, c'est l'un des parcs les plus populaires de la ville avec jardin à la française, roseraie et jardin paysager à l'anglaise. Sa bastide aux faux-airs de château s'est transformée en un étonnant musée des Arts décoratifs, de la Faïence et de la Mode. Voir p. 79.

LES CALANQUES

Les calanques constituent un parc terrestre et marin qui s'étend sur plus de 20 km. Randonnée, baignade, plongée, escalade... Ce petit paradis fait la fierté de toute la région. Voir p. 84.

10 expériences UNIQUES

DÉCOUVRIR LES CALANQUES EN KAYAK

Silencieux, intime et respectueux de la nature, le kayak (p. 192) permet d'approcher les grottes marines et les falaises calcaires tout en se ménageant des pauses dans des criques difficiles d'accès à pied. Résultat : un sentiment grisant de liberté dans un cadre époustouflant.

PRENDRE DE LA HAUTEUR SUR LE TOIT DE LA CITÉ RADIEUSE

La vue panoramique s'étend à 360° sur la mer et les collines. On en profite pour tutoyer les œuvres d'art du MAMO et réserver la visite d'un appartement témoin du « Fada », alias Le Corbusier (p. 81).

PLONGER DANS LE SOUK DE MARSEILLE...

... au cœur du marché épicé des Capucins, à Noailles (p. 59), avant d'aller fouiller les rayons de la Maison Empereur (p. 158), la plus vieille et la plus belle quincaillerie de la ville.

FABRIQUER SON PROPRE SAVON

Direction le MuSaMa (p. 25), le musée dédié à l'art et à l'histoire du mythique savon de Marseille. Ici, vous devrez mettre la main à la pâte pour fabriquer, mouler, découper et estampiller votre propre cube.

SORTIR EN MER À BORD D'UN POINTU

C'est le nom marseillais de la barquette. Quelques propriétaires font de la résistance pour préserver ce patrimoine et proposent de vous emmener en balade (p. 196). Mieux : de vous lever aux aurores pour partir avec eux à la pêche !

VIBRER AVEC L'OM...

... un soir de match au stade Vélodrome (p. 82) ou à la marseillaise, sur la terrasse d'un bar équipé d'un écran. À la fin, filez vous restaurer dans l'un des nombreux camions à pizzas de la ville.

FAIRE LA FÊTE SUR LES PLAGES...

... où se délocalisent la plupart des soirées l'été : ambiance coucher de soleil et cocktails bien frappés garantie ! Option plus luxe : squatter les plages privées de la Corniche (p. 73), comme celle du Bistrot Plage (p. 127).

PIQUER UNE TÊTE DANS LA PISCINE NATURELLE DU VALLON DES AUFFES

Abritée des vagues, c'est l'adresse secrète des Marseillais, insoupçonnable depuis le pont qui surplombe le vallon et même depuis son petit port. On y accède par une échelle accrochée au rocher (p. 74).

GOÛTER UN « FISHE AND SHIPE » LOCAL

Marseille réinterprète à sa sauce la spécialité toute britannique. Exit les frites, le cabillaud et le vinaigre ; place aux panisses, au merlu et à l'aïoli (p. 132). C'est Fabien, de La Boîte à Sardine (p. 108), qui en a eu l'idée.

ADMIRER LE COUCHER DU SOLEIL DEPUIS UN ROOFTOP

Celui du R2 (p. 138), en haut des Terrasses du Port, n'a pas d'équivalent à Marseille. Entre ses fauteuils cosy, sa vue à 360° et sa proximité avec le port maritime, c'est le nouveau rendez-vous des apéros en plein-air qui en jettent !

Un grand week-end SUR MESURE

Première fois à Marseille ?

Suivez notre programme pour ne rien rater des incontournables. Nous avons découpé la ville en 13 quartiers, auxquels s'ajoute une visite du pays de Pagnol. Évidemment, en trois jours, vous ne pourrez pas faire toutes ces balades. À vous de voir si vous voulez remplacer telle visite par une autre en fonction de vos centres d'intérêt.

PREMIER JOUR

➥ Attaquez en douceur en prenant place dans le petit train touristique qui longe la Corniche et mène jusqu'à Notre-Dame-de-la-Garde (quartier 8), pour la visiter et profiter du panorama qu'elle offre sur toute la ville. Redescendez ensuite à pied en flânant dans le quartier des Antiquaires (quartier 7).

Vieille-Charité

➥ Après un déjeuner sur le Vieux-Port, le Panier vous tend les bras (quartier 2). Dominé par la Vieille-Charité où vous pourrez visiter le M.A.A.O.A. ou le M.A.M., c'est le plus ancien quartier de la ville, le plus « village ». Asseyez-vous à une terrasse, perdez-vous dans ses ruelles et débouchez sur l'esplanade de la Major (quartier 3).

➥ Dirigez-vous vers la passerelle du fort Saint-Jean pour rejoindre le Mucem et la Villa Méditerranée (quartier 3). À l'heure où le soleil se couche, spectacle magique garanti !

DEUXIÈME JOUR

➥ Rendez-vous dès 9h pour une balade matinale dans le parc Longchamp, avant l'ouverture à 10h du musée des Beaux-Arts (quartier 5). À moins de préférer une visite de son voisin, le Muséum d'histoire naturelle, ou du musée Grobet-Labadié tout proche.

Cours Julien

➥ En descendant la Canebière, faites coucou à Saint-Vincent-de-Paul avant de bifurquer à Noailles pour son ambiance de minisouk gourmand (quartier 6). Arrêtez-vous au musée et à la boutique de la Maison Empereur, avant de déjeuner dans le coin. Offrez-vous une balade digestive en remontant vers le « Cours Ju » pour goûter son ambiance underground et faire du shopping dans ses boutiques de créateurs.

➥ Le soir, changement de décor pour un apéro au bord de l'eau au vallon des Auffes (quartier 9).

TROISIÈME JOUR

➥ Prenez un bol d'air matinal sur le marché de la criée (quartier 1), avant de filer en bateau ou en bus jusqu'aux Goudes (quartier 11). À vous le Parc national des calanques pour des randonnées nature et sportives, et des plongeons dans ses criques.

➥ Vous n'avez encore vu ni le Pharo ni l'abbaye Saint-Victor (quartier 8) ? Courez-y et profitez d'être dans le quartier pour faire le plein de navettes marseillaises au Four des Navettes. Terminez la journée dans les bars d'Endoume et les restaurants de la rue Sainte.

NOS CONSEILS DE VISITE

➥ À vous d'adapter votre séjour à la météo : selon le mois de l'année et l'intensité du mistral, l'accès aux calanques ou la balade en bateau peuvent, en effet, être compromis. Dans ce cas, rabattez-vous sur les musées, comme le FRAC ou le MAC.

Déjà venu ?

Vous connaissez déjà les incontournables de Marseille ? Découvrez d'autres sites majeurs de la scène culturelle de la cité ou explorez un coin de nature encore sauvage.

Friche la Belle de Mai

LA BELLE DE MAI (QUARTIER 5)

Plongée culturelle en mode bobo et alternatif. Depuis 1992, ce quartier populaire en voie de requalification vit au rythme de la programmation artistique et événementielle de la Friche. Nichée dans l'ancienne Manufacture des tabacs, elle abrite des salles de spectacles, des résidences d'artistes, des studios de tournage, une salle de cinéma, une librairie, des restos, des jardins partagés, un marché de producteurs, un skatepark... Ne manquez pas la Tour-Panorama qui loge, depuis 2013, des expositions éphémères d'art contemporain. Envie de poursuivre la balade ? Rendez-vous au Centre de conservation et de ressources du Mucem ou au Chapiteau.

LA CITÉ RADIEUSE ET LE VÉLODROME (QUARTIER 10)

La journée promet de faire le grand écart entre l'ambiance architecturale et *fifties* de la

« Maison du Fada » et la ferveur sportive et commerciale qui règne aux abords du stade Vélodrome. Avant de vous aventurer boulevard Michelet, prenez soin de réserver une visite guidée de la Cité radieuse auprès de l'office de tourisme : elle vous ouvrira les portes d'un appartement témoin et vous expliquera en détail les coulisses d'un tel projet, son passé, son présent et son futur, avant de vous conduire au toit-terrasse et au MAMO.

L'ARCHIPEL DU FRIOUL (QUARTIER 12)

Depuis le début de votre séjour, ces quatre îles de calcaire semblent vous narguer au loin ? Hop, embarquez sur une navette maritime pour partir à l'assaut de Pomègues ou de Ratonneau. Exit le bruit et l'agitation de la ville. Avec ses petits airs de Cyclades, le Frioul est un havre de tranquillité et de nature sauvage. Entre deux baignades, vous pourrez découvrir l'hôpital Caroline. Au retour, s'il vous reste du temps, profitez-en pour faire une halte sur l'île d'If et monter jusqu'à son château.

Le Vélodrome depuis la Cité radieuse

Archipel du Frioul

Fêtes & FESTIVALS

Février

Fête de la Chandeleur

Célébrée par une procession qui mène jusqu'à Saint-Victor, la Chandeleur clôt les fêtes calendales qui commencent le jour de la Sainte-Barbe, le 4 décembre.

MP 2018 : Quel Amour !

Marseille se dote de février à août 2018 d'un nouveau festival culturel, imaginé comme une déclaration d'amour aux arts et au territoire.

www.mp2018.com

Mars

Mars en baroque

Deux semaines d'événements en tout genre : des concerts baroques, mais aussi des films, des expos et des parcours gourmands un peu partout en ville.

www.marsenbaroque.com

Run in Marseille

Rendez-vous mi-mars pour le marathon de Marseille : départ au pied du Mucem et arrivée à l'hôtel de ville. Au programme aussi : un semi-marathon et un 10 km.

www.runinmarseille.com

Carnaval

Programmé fin mars ou début avril, il célèbre en fanfare et en musique le retour des beaux jours. Rendez-vous sur le Vieux-Port pour le défilé.

www.marseille.fr

Avril - Mai

Festival Les Musiques

Ce festival itinérant s'installe à la Criée, à la bibliothèque de l'Alcazar, à la Friche la Belle de Mai ou au parc Borély pour 10 jours de musique contemporaine.

www.gmem.org

Festival de théâtre amateur

Créé en 1999, ce festival populaire rassemble tous les amateurs de France.

www.marseille.fr

Juin

Festival de Marseille

Depuis 20 ans, ce festival programme un mois de réjouissances artistiques : danse, théâtre, vidéo, musique...

www.festivaldemarseille.com

Ciné en plein air

De mi-juin à mi-septembre, une trentaine de projections gratuites en plein air dans une dizaine de quartiers de Marseille.

www.cinetilt.org

Marsatac

Fin juin, c'est le rendez-vous musical et festif qui fait vibrer Marseille (et Nîmes) pendant 10 jours : pop, rock, électro et hip-hop. En 2018, le festival fête ses 20 ans et a lieu au parc Chanot.

www.marsatac.com

Juillet

Festival de folklore international de Château-Gombert

Incontournable depuis 1964 pour célébrer les danses et les musiques traditionnelles : une semaine de fêtes, de bals, de défilés et de dîners-spectacles.

www.roudelet-felibren.com

Mondial de pétanque de la Marseillaise

Oui, la pétanque a son mondial, depuis que Paul Ricard a créé l'événement en 1962 ! Cinq jours de compétitions et d'animations.

Festival international du cinéma de Marseille

Début juillet, plus de

150 films et avant-premières sont projetés pendant une semaine dans une dizaine de lieux.
www.fidmarseille.org

Festival de jazz des 5 continents
Dix jours de jazz, de blues et même de funk dans le cadre exceptionnel du palais Longchamp, du Mucem, de la Friche la Belle de Mai et du théâtre Sylvain.
www.marseillejazz.com

Juillet - Août

Belle et Toile
Chaque dimanche d'été (20h en juillet et 19h en août), la Friche la Belle de Mai installe un écran géant sur son toit-terrasse pour projeter en plein air des films d'hier et d'aujourd'hui.
www.lafriche.org

La Rue du Tango
Depuis 2013, cette association prend possession de la place Bargemon chaque vendredi soir d'été pour des bals de tango argentin ouverts à tous.
www.laruedutango.fr

Août

Septembre en mer
Un événement qui ne cesse de grandir : régates, parades, sardinades, balades, etc. Et qui s'étire de la fin août aux premiers jours de septembre.
www.septembreenmer.com

Championnat de Provence et de France des joutes provençales
Courant août, on achète des chichis et des panisses, et on les grignote sur le port de l'Estaque pour admirer le ballet des joutes nautiques.
www.joutepaca.fr

Septembre

Fête du Vent
Mi-septembre, plus de 200 passionnés de cerf-volant investissent pendant 3 jours les plages du Prado.
www.marseille.fr

Foire internationale de Marseille
À cheval sur septembre et octobre, cette foire accueille plus de 350 000 visiteurs au parc Chanot : mode, gastronomie, musique, sports, ateliers créatifs...
www.foiredemarseille.com

Octobre

Fiesta des Suds
Quinze jours au son du rock, du reggae, de la salsa, du zouk, de l'électro, et de la chanson française.
www.dock-des-suds.org

Semi-marathon Marseille-Cassis
Le dernier dimanche d'octobre, 15 000 coureurs s'élancent du stade Vélodrome pour rejoindre le port de Cassis en grimpant le col de la Gineste.
www.marseille-cassis.com

Novembre

Festival mondial de l'image sous-marine - Aquatic Festival
Trois jours fin novembre pour découvrir la richesse des mers et des océans : projections, expositions, jeux, concours et conférences.
www.fmism.com

Foire aux santons
La plus ancienne foire aux santons (1803) s'installe fin novembre en bas de la Canebière, jusqu'au 31 décembre : animations, danses et musiques folkloriques.
www.foire-aux-santons-de-marseille.fr

Décembre

Chants de Noël
On attend le 25 décembre en musique, avec la série de concerts traditionnels venus des quatre coins du monde qui envahit les églises de la ville pendant toute la période de l'Avent.
www.marseille.fr

Visites

PAR QUARTIER

Calanque d'En-Vau

À SAVOIR

Notre-Dame-de-la-Garde

VISITER MARSEILLE

Nous avons découpé la ville en **13 quartiers** facilement accessibles les uns par rapport aux autres à pied ou en bus, à l'exception du Frioul, que vous pourrez rejoindre uniquement en bateau. Nous y avons ajouté une **14e visite** dans les quartiers provençaux et les environs chers à Marcel Pagnol. Celle-ci peut s'effectuer en train et en bus, mais il vous en coûtera de l'organisation et de la vigilance pour respecter les horaires. On vous conseille donc plutôt de vous y aventurer en voiture.

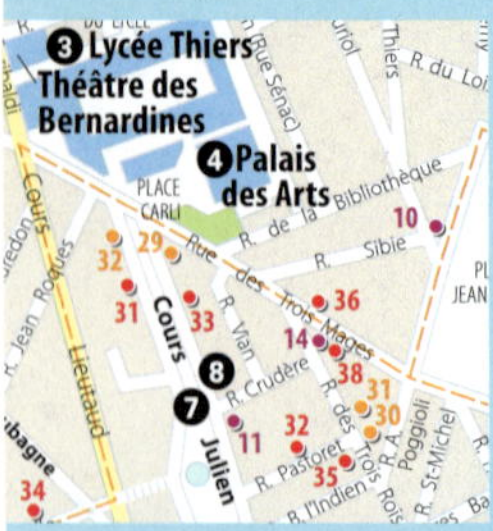

LIRE LES CARTES

Chaque visite est accompagnée d'un plan détaillé sur lequel nous avons placé tous les **points d'intérêt** du quartier. Les **pastilles de couleur** indiquent nos bonnes adresses de **restos,** de **bars** et de **boutiques.** Le numéro de la pastille colorée correspond à celui attribué à chacune des adresses. Reportez-vous au chapitre concerné pour lire la notice de l'établissement.

SE DÉPLACER

Disons-le tout net : les transports en commun ne sont pas le point fort de Marseille. Il n'y a que **deux lignes de métro** et **trois lignes de tramway,** et les **bus** qui quadrillent la ville ne sont pas réputés pour leur régularité, même s'ils restent la meilleure des options. En été, profitez des **navettes maritimes** pour rejoindre les plages, le port des Goudes ou l'Estaque par la mer (p. 192). Le temps de trajet sera exactement le même qu'en bus, et vous gagnerez une virée en bateau en plus !

Le Bistrot Plage, sur la Corniche

NOS CONSEILS DE VISITE

Pas la peine de réserver les musées avant votre séjour. En revanche, si vous envisagez une randonnée dans les calanques, renseignez-vous au préalable sur les **restrictions d'accès éventuelles** et sur les **prévisions météorologiques** annoncées. Et, si vous prévoyez d'explorer les alentours alors que vous êtes venu à Marseille en train ou en avion, pensez à **réserver une voiture de location** (p. 191).

1 Le Vieux-Port ET LA CANEBIÈRE

Restos & bistrots p. 107 | Bars & clubs p. 137 | Boutiques p. 157

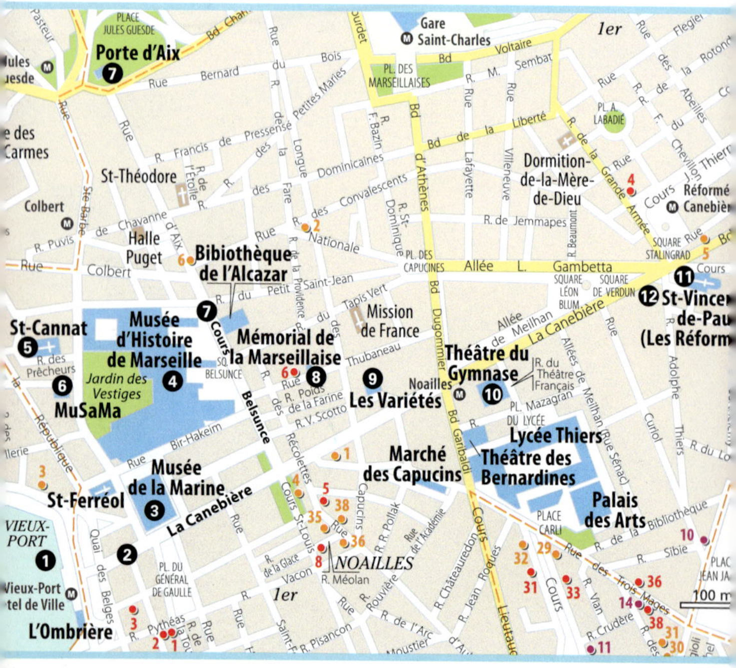

Depuis plus de 2600 ans, le Vieux-Port est le centre historique de Marseille. Le quartier le plus célèbre de la ville s'éveille aux premières lueurs de l'aube avec le marché aux poissons. L'animation monte crescendo et se poursuit jusqu'à la fermeture des bars. Plus haut, on devine la silhouette de l'église des Réformés. Pour la rejoindre, on emprunte la Canebière et on traverse le cours Belsunce, deux axes majeurs qui ont perdu de leur opulence mais gardent encore de jolies façades du XIXe s.

X
❶ LE VIEUX-PORT***

C'est le site le plus emblématique, le plus ancien, le plus populaire et aussi le plus cliché de Marseille. Harmonieusement encadré par le fort Saint-Jean sur sa rive nord (p. 41) et le fort Saint-Nicolas (p. 67) sur sa rive sud, le Vieux-Port a malheureusement conservé peu de traces de son histoire.

La rive nord

Presque entièrement détruits en 1943 pendant la rafle de Marseille, les quais sont aujourd'hui bordés d'immeubles des années 1950 de l'architecte Fernand Pouillon, qui s'arrachent à prix d'or.

Saint-Ferréol et la criée

Avant de croiser la Canebière, poussez la porte de l'**église Saint-Ferréol,** située à l'angle du quai des Belges et de la rue de la République. Achevée à la fin du XVIᵉ s., elle abrite quelques tableaux du peintre provençal Michel Serre. À ses pieds se tient chaque matin le **marché de la criée,** le plus connu et le plus folklorique de tous. Mis en place sous Colbert, il était autrefois abrité rive sud, dans ce qui est devenu désormais le théâtre de la Criée (p. 71). Chaque matin, ce marché continue de rassembler une dizaine de pêcheurs, qui s'installent quai des Belges pour vendre leurs poissons du jour.

Quai des Belges, 1er arr. • T.l.j. 8h-13h.

L'Ombrière

Cette curiosité tout en métal poli, signée Norman Foster (2013), est le symbole du renouveau du Vieux-Port et de sa semi-piétonnisation ! Aussi jolie que pratique, elle protège de la pluie l'hiver et des rayons du soleil l'été. Faites comme tout le monde : prenez votre reflet en photo !

Quai des Belges, 1er arr.

X
❷ LA CANEBIÈRE*

La célèbre avenue part du Vieux-Port et remonte tout droit jusqu'à l'église Saint-Vincent-de-Paul. Démarré en 1666, son tracé s'achève vraiment seulement au début du XXᵉ s. C'est son heure

Marché de la criée

Canebière

de gloire : ses nombreux cafés et ses luxueux hôtels attirent les visiteurs de marque et les grandes fortunes. Depuis la décolonisation, la rue a perdu de son faste ; aujourd'hui envahie par les enseignes bon marché et les kebabs, elle est boudée par les Marseillais. Pourtant, de très belles façades subsistent : voyez les décors en mosaïque de l'ancienne **joaillerie Rey** (n° 39), les cariatides du **Grand Hôtel du Louvre de la Paix** (n° 53) et l'ancien **hôtel de Noailles** (à l'angle de la Canebière et du boulevard Garibaldi).

❸ LE MUSÉE DE LA MARINE*

Ce bâtiment néoclassique accueille la chambre de commerce et d'industrie de Marseille depuis son inauguration en 1860. L'architecte Pascal Coste en a conçu l'imposante galerie de colonnades à l'étage et les fenêtres à arcades au rez-de-chaussée. Le musée (r.-d.-c.) est dédié au passé maritime et commercial de la ville. Il abrite de belles maquettes de bateaux, dont la corvette *Le Massilia*, le trois-mâts *Ville de Marseille* et un vaisseau de 120 canons.

Chambre de commerce et d'industrie Marseille-Provence • 9, la Canebière, 1er arr. • ☎ 04 91 39 33 21 • www.ccimp.com • T.l.j. 10h-18h • Entrée : 2 €.

❹ LE MUSÉE D'HISTOIRE DE MARSEILLE**

Encore un musée flambant neuf qui a profité des festivités de 2013 pour se moderniser ! Il surplombe ce qui fut le premier port de Marseille, dont on peut voir les pierres d'origine dans le jardin des Vestiges, aujourd'hui rebaptisé Port antique. Derrière la façade en verre du musée, c'est 2 600 ans d'histoire qui défilent en treize séquences interactives, depuis les origines de la ville jusqu'à la Marseille du XXIe s. À ne pas manquer : les restes d'une barque de pêcheurs du VIe s. av. J.-C.

Centre Bourse, 2, rue Henri-Barbusse, 1er arr. • ☎ 04 91 55 36 00 • www.musee-histoire-voie-historique.fr • Mar.-dim. 10h-18h (19h de mi-mai à mi-sept.), ouv. lundi de Pâques et de Pentecôte, f. 1er janv., 1er mai et 25-26 déc. • Entrée : 5 € (gratuit 1er dim du mois).

❺ L'ÉGLISE SAINT-CANNAT*

La façade baroque de cet ancien couvent dominicain cache une nef de style gothique méridional et un chœur Renaissance. À remarquer aussi, une grille en fer forgé du XVIIIe s. à l'entrée du baptistère (à gauche), le buffet du grand orgue daté de 1742 et deux tableaux de Michel Serre : *La Présentation de Jésus au Temple* et *Le Purgatoire*.

4, rue des Prêcheurs, 1er arr. • ☎ 04 91 90 85 47 • Lun. et jeu. 9h-13h, mer. 9h-19h, mar. et ven. 9h-12h.

❻ LE MUSÉE DU SAVON DE MARSEILLE (MUSAMA)*

Vous saurez tout sur l'histoire et les secrets de fabrication du savon de Marseille, ce qui vous permettra de distinguer le vrai du faux. Derrière ce nouveau musée ouvert en 2018 dans un grand espace de 400 m², on retrouve les fondateurs de la Grande Savonnerie (p. 166). Instructive et ludique, chaque visite s'achève par un atelier en mode *do it yourself*, qui transforme le visiteur en un apprenti maître-savonnier !

1, rue Henri-Fiocca, 1er arr. • ☎ 06 29 97 51 92 • www.musama.fr

❼ LE COURS BELSUNCE*

L'ancienne promenade imaginée par Pierre Puget à la fin du XVIIe s. est un melting-pot social, ethnique et culturel. Autrefois fréquentée par les bourgeois, elle est devenue un quartier d'immigration et de commerce qui a vu fleurir les boutiques discount, les galeries, le centre commercial Bourse... et les vendeurs à la sauvette ! Rendu aux piétons depuis la réouverture du tramway, le cours est encore en train de changer de visage... N'oubliez pas de lever les yeux : il reste sur les façades de très jolis détails du temps de sa splendeur.

La bibliothèque de l'Alcazar

La marquise Art déco de l'entrée est le seul vestige de ce music-hall mythique créé en 1857. Maurice Chevalier, Yves Montand, Fernandel ou Johnny Hallyday s'y sont produits avant sa fermeture en 1966 puis sa démolition. Adrien Fainsilber (Cité des Sciences et de l'Industrie et Géode à Paris) a élevé à la place une bibliothèque de verre et d'acier.

Bibliothèque municipale à vocation régionale (BMVR) • 58, cours Belsunce, 1er arr. • ☎ 04 91 55 90 00 • www.bmvr.marseille.fr • Mar.-sam. 11h-19h • Accès libre.

La porte d'Aix

Dans le prolongement du cours Belsunce, remontez la rue d'Aix jusqu'à l'arc de triomphe construit en 1839 qui marque l'entrée nord de Marseille. Son arche, sans ouverture latérale, est unique. À l'intérieur, jetez un œil aux bas-reliefs d'Étienne-Jules Ramey et de Pierre-Jean David.

❽ LE MÉMORIAL DE LA MARSEILLAISE*

Revivez l'histoire de la Révolution dans ce musée multimédia très ludique, installé dans l'ancienne salle du Jeu de paume. C'est ici que fut constitué le corps des fédérés marseillais, qui partirent ensuite à Paris en entonnant le chant de l'armée du Rhin, la future *Marseillaise*. La boutique du Mémorial dispose d'une bonne librairie dédiée à la Révolution.

23-25, rue Thubaneau, 1er arr. • ☎ 04 91 91 91 96 • www.musee-histoire-marseille-voie-historique.fr • Avr.-sept. : t.l.j. 10h-19h ; oct.-mars : mar.-dim. 14h-18h • Entrée : 7 €.

❾ LES VARIÉTÉS**

Inauguré en 1856, cet ancien café-concert a eu plusieurs vies (salle de théâtre, d'opérette et de music-hall) avant de devenir un cinéma dans les années 1950. Classé X en 1975, il se convertit en salle d'art et d'essai en 1999. En plus de sa programmation, l'endroit dispose d'une cabine photo Harcourt, d'un bar cosy (La Jetée) et d'un espace d'exposition ouvert à la photo, aux dessins et au *street art*.

37, rue Vincent-Scotto, 1er arr. • ☎ 0 892 68 05 97 • www.cinemetroart.com • **Espace exposition :** t.l.j. 13h30-minuit ; **bar :** lun.-sam. 17h-22h30, dim. 15h-20h • Entrée : 8 €.

❿ LE THÉÂTRE DU GYMNASE*

Ce très beau théâtre à l'italienne de près de 700 places a fêté son bicentenaire en 2004.
Il partage sa programmation et

Saint-Vincent-de-Paul (Les Réformés)

son directeur, Dominique Bluzet, avec le théâtre du Jeu de Paume d'Aix et le Grand Théâtre de Provence. Acteurs et metteurs en scène du théâtre contemporain s'y retrouvent : Alfredo Arias, Jean-Michel Déprats, Jean-Claude Carrière, Jean-François Balmer, Simon Abkarian, Isabella Rosselini... Le lieu accueille aussi des spectacles d'humour (Alex Lutz) et du music-hall. En dehors des représentations, le Gymnase peut se visiter (1er sam. du mois 11h30-12h30, résa. ☎ 04 91 24 35 24).

4, rue du Théâtre-Français, 1er arr. • ☎ 08 2013 2013 • www.lestheatres.net • Billet : de 8 à 66 €.

Théâtre du Gymnase

⓫ L'ÉGLISE SAINT-VINCENT-DE-PAUL**

Son véritable nom est Saint-Vincent-de-Paul, mais les Marseillais l'appellent l'**église des Réformés,** car elle est située sur l'emplacement d'un ancien couvent d'augustins réformés. Lorsque l'on vient de la Canebière, on est impressionné par sa façade néogothique, plantée en haut à droite de la célèbre avenue. Une fière statue de Jeanne d'Arc, signée Botinelly, trône sur le parvis.

8, cours Franklin-Roosevelt, 1er arr. • ☎ 04 91 48 57 45 • www.marseille.catholique.fr • Lun.-sam. 8h-20h, dim. 9h-12h et 16h-19h • Accès libre.

⓬ Pour une pause sucrée : Plauchut

La pâtisserie qui aura bientôt deux siècles (créée en 1820) est un vrai petit bijou orné de fresques aux murs et de stucs au plafond. Les vitrines laissent une grande place aux spécialités provençales : croquets marseillais, pompes à l'huile, calissons... et aux spécialités maison, tel ce mystérieux Baiser marseillais (3,50 €), simple bouchée ganache au chocolat. Quelques petites tables attendent, au fond du magasin, les gourmands qui veulent profiter du décor rococo.

168, la Canebière, 1er arr. • ☎ 04 91 48 06 67 • www.plauchut.com • Mar.-dim. 8h-20h.

Le port de Marseille

Au fil des siècles, la vitalité de l'activité portuaire, poumon économique de la ville, ne s'est jamais démentie. Dès l'Antiquité, Marseille est la première cité grecque à établir des relations commerciales au-delà du détroit de Gibraltar. Malgré les difficultés économiques récentes, Marseille-Fos a réussi à maintenir son titre de premier port de France et de deuxième port de Méditerranée. Des milliers de marchandises et de croisiéristes y transitent chaque jour.

LE PREMIER PORT DE FRANCE

Passé l'Antiquité, Marseille vit pleinement l'épopée des croisades en devenant le port principal d'embarquement vers la Palestine. La ville s'ouvre ensuite au grand commerce dès la fin du XVIIe s., grâce à son statut de port franc décidé sous Louis XIV, qui l'exempt de taxes sur les marchandises. La colonisation entreprise à partir de 1830, puis le percement du canal de Suez en 1869 seront décisifs pour l'économie marseillaise. Les échanges s'intensifient avec l'Orient, et Marseille devient, à la fin du XIXe s., le quatrième port mondial et le premier port national regroupant, à elle seule, plus de la moitié de la flotte marchande française. À partir du XVIIe s., la renommée du **savon de Marseille** donne un coup d'accélérateur à l'activité industrielle du port. La cité phocéenne devient une plateforme incontournable dans l'importation des graines oléagineuses d'Afrique

La pêche au pointu

Qu'on l'appelle pointu ou barquette marseillaise, cette jolie barque traditionnelle en bois est toujours amarrée sur les quais du Vieux-Port et ce depuis le début du XXe s. Utile pour la pêche côtière, sa forme effilée s'arrondit à l'avant et permet de bien prendre la vague sans perdre sa stabilité : elle est peu profonde, mais peut mesurer jusqu'à 8 m de long ! En 2005, l'Office de la mer a recensé plus de 500 pointus répartis dans les petits ports marseillais. Aujourd'hui, les barques sortent plus pour la plaisance que pour la pêche professionnelle, même si une trentaine de marins pêcheurs l'utilisent encore. Tous les pointus ont adopté le moteur, mais une centaine sont encore équipés de leur mât, juste pour le plaisir d'entendre, comme autrefois, le bruit du vent s'engouffrer dans la voilure.

et d'Orient qui entrent dans la composition du savon : jusqu'en 1914, les cours mondiaux des oléagineux sont même fixés à la Bourse de Marseille ! Après la Seconde Guerre mondiale, les hydrocarbures vont remplacer les huileries traditionnelles en fort déclin depuis l'apparition des poudres à laver. En 1974, ils constituent près de 90 % de l'ensemble du trafic portuaire. Aujourd'hui, malgré les deux chocs pétroliers, les hydrocarbures font toujours la richesse de la ville et Marseille-Fos est encore le troisième port mondial dans ce secteur. Résultat : le port génère un trafic commercial de 82 millions de tonnes de marchandises par an et quelque 41 500 emplois.

Sur le Vieux-Port

L'ÉLOIGNEMENT DE LA VILLE

Dès la seconde moitié du XIXe s., le centre de gravité de l'activité portuaire de Marseille se déplace du Vieux-Port vers le nord et les **quartiers de la Joliette et d'Arenc.** L'extension se poursuit au XXe s. : le port atteint l'**étang de Berre** dans l'entre-deux-guerres, puis **Fos-sur-Mer** à la fin des années 1960 avec la construction d'immenses bassins réservés aux pétroliers géants. Pour centraliser l'ensemble des activités portuaires, le **Port autonome de Marseille** (PAM) est créé en 1966. Actuellement, le port de Marseille couvre près de 70 km de côte, de Port-Saint-Louis-du-Rhône jusqu'aux abords du **Vieux-Port** (p. 23).

L'ESSOR DES CROISIÈRES

Parallèlement à son activité commerciale et industrielle, Marseille joue un rôle important dans les **liaisons maritimes.** La ville s'attend à recevoir **deux millions de passagers** en 2018, là où il n'étaient qu'un million à faire escale 5 ans auparavant ! Marseille est fière de dire qu'elle est maintenant rentrée dans le **top 5 des ports de croisière en Méditerranée** et dans le top 15 mondial, devant New York. Chaque jour, 22 navires en moyenne font escale aux abords du J4 ou le long du môle Léon-Gourret, avant de repartir pour des destinations plus ou moins lointaines : Corse, Tunisie, Brésil...

Une histoire d'influences

On la dit rebelle, on la découvre accueillante. La plus vieille ville de France, fondée il y a plus de 2 600 ans, est passée d'abord entre les mains des Grecs, puis des Romains, des Bourguignons et des Provençaux avant de devenir finalement « française ». Une histoire qui explique sa nature irréductiblement frondeuse et son identité : marseillaise avant tout !

LA FONDATION : PROTIS ET GYPTIS

Les Marseillais aiment raconter que leur ville est née d'une **histoire d'amour** : en 600 av. J.-C., la cité grecque de Phocée envoie une expédition commandée par Protis. Son but ? Explorer les côtes méditerranéennes pour fonder des comptoirs commerciaux. Quand les Grecs débarquent, la région est déjà habitée par une tribu ligure, dont le roi est sur le point de marier sa fille, Gyptis. C'est elle qui doit choisir son époux : remarquant Protis, elle jette son dévolu sur le mystérieux étranger. De l'union de la Ligure et du Phocéen naquit Massalia, fondée après les noces. C'est sur cette histoire semi-légendaire que nait le mythe fondateur de Marseille : le **métissage.**

La grande peste de 1720

La peste avait disparu du royaume de France depuis près d'un siècle lorsqu'en mars 1720 un navire porteur de la maladie, le *Grand-Saint-Antoine*, entre en rade de Marseille. L'épidémie se déclare aussitôt et se développe rapidement. La ville est mise en quarantaine, les routes sont fermées et les habitants confinés dans la cité. Sacrifiée à l'intérêt national, Marseille paie un lourd tribut à la maladie : entre 40 000 et 50 000 personnes, soit près de la moitié de la population, meurent de l'épidémie. Mais grâce aux grandes vagues d'immigration qui repeuplèrent la ville, Marseille put se relever de ce qui fut la dernière épidémie de peste en Europe.

UNE CITÉ DE CARACTÈRE

Apaisée en temps de guerre, rebelle en temps de paix, Marseille a tout au long de son histoire cultivé son **esprit d'indépendance.** Dès l'Antiquité, alors que Rome soumet tout le Bassin méditerranéen, la vieille cité phocéenne traite d'égale à égale avec sa puissante voisine. Au Moyen Âge, Marseille attise la convoitise des provinces alentour, mais parvient à jouer de leurs dissensions pour garantir son autonomie. Elle réussit même à établir un gouvernement indépendant en 1224, véritable camouflet aux institutions féodales, qui durera plus de 20 ans. Rattachée au royaume de France, Marseille reste fidèle à la couronne pendant la Fronde mais cultive son originalité en s'opposant au pouvoir royal alors que le pays est apaisé. Louis XIV assiège la ville en 1660 et met fin à ses velléités de rébellion, le **fort Saint-Jean** (p. 41) et le **fort Saint-Nicolas** (p. 67) attestant de l'autorité royale sur la ville.

Musée d'Histoire de Marseille

LE DÉVELOPPEMENT DE LA VILLE

Jusqu'à Louis XIV, les limites de la ville évoluent peu. En 1666, quand le roi décide l'accroissement de l'antique cité phocéenne, tout change : l'ancien rempart est démoli et la surface de la ville triple. Tout est organisé autour du **cours Belsunce** (p. 25) : bordé d'une double rangée d'arbres, il est alors considéré comme le plus beau cours d'Europe, avec des hôtels particuliers aussi prestigieux que l'hôtel Pesciolini (1, rue Nationale). Plus belle, la ville devient aussi plus riche quand Colbert la déclare port franc en 1669 : elle profite de son monopole commercial avec les pays du Levant, agrandit son arsenal et devient une grande métropole.

MARSEILLE, PORT D'ACCUEIL

Les XIXe et XXe s. sont marqués par une forte progression économique et démographique. De 100 000 habitants en 1789, Marseille passe à plus de 400 000 en 1900. Cette croissance est principalement due à l'immigration. En effet, à la fin du XIXe s., conséquence de la colonisation, la ville accueille par centaines de milliers des hommes et des femmes du monde entier. D'**innombrables nationalités** s'y croisent. Celle que l'on appelle alors la capitale de l'empire colonial français est en effet un relais privilégié entre la métropole et l'outre-mer. En 1962, Marseille doit faire face à l'arrivée de 450 000 personnes rapatriées d'Algérie. Un tiers d'entre eux s'installent définitivement dans la ville, participant à sa richesse, comme tous ceux qui y ont débarqué depuis des siècles.

2 Le Panier
ET LA VIEILLE-CHARITÉ

Restos & bistrots p. 109 | Bars & clubs p. 137 | Boutiques p. 161

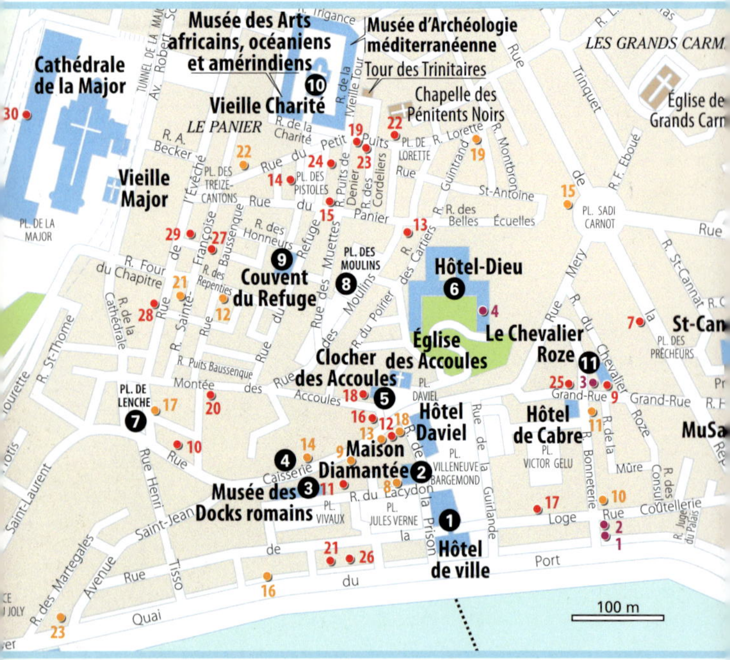

Ce village historique, perché sur une colline adossée au Vieux-Port, a gardé son âme provençale et populaire. Ses rues sont pentues et escarpées, ses maisons colorées, du linge pend aux fenêtres, les artisans travaillent portes ouvertes et les minots jouent au football sur ses places... Impossible de ne pas tomber sous le charme de ce spectacle ! Au cœur du quartier, la Vieille-Charité mérite un arrêt : dans cet ancien hôpital de style baroque construit par Pierre Puget, le temps semble suspendu.

❶ L'HÔTEL DE VILLE*

Avec la Maison diamantée (ci-dessous), c'est le seul édifice du Vieux-Port épargné par les bombardements allemands de 1943. Décidé par Louis XIV, qui a son buste sur la façade, l'hôtel de ville est de style baroque, sa pierre rose étant typique des monuments de l'Ancien Régime à Marseille. N'hésitez pas à faire le tour du bâtiment : à l'arrière, une belle arcade construite à la fin du XVIIIe s. relie l'hôtel de ville, devenu trop petit, à sa nouvelle annexe rue de la Loge.

Quai du Port, 2e arr. • ☎ 04 91 55 11 11 • www.marseille.fr • Accès libre.

❷ LA MAISON DIAMANTÉE*

Elle doit son nom à sa façade à bossages en pointes de diamants. Cet hôtel particulier du XVIe s. est un des rares édifices de son époque avec l'**hôtel de Cabre** (27 bis, Grand-Rue) à avoir échappé aux bombardements allemands de 1943, lors de la Seconde Guerre mondiale. Classé Monument historique depuis 1925, son intérieur dévoile de superbes plafonds en stuc et un escalier à caissons. Autrefois, la Maison diamantée fut le siège du musée du Vieux Marseille, dont les collections ont été récupérées par le musée d'Histoire de Marseille (p. 24). Depuis le départ de l'association Marseille-Provence 2013, elle est vacante.

2, rue de la Prison, 2e arr. • ☎ 04 91 13 20 13 • www.marseilletourisme.fr • Mar.-dim. 11h-18h • Visite commentée sam.-dim. 14h30-15h30.

❸ LE MUSÉE DES DOCKS ROMAINS*

On les croirait faites pour des géants, ces *dolias* (amphores) en céramique qui servaient au stockage de l'huile et du vin. Témoignage des anciens entrepôts romains situés sur le Vieux-Port, on les retrouva pendant les fouilles entreprises en 1947, juste avant la reconstruction du quartier. Le musée expose également des épaves de bateaux ainsi qu'une touchante

Dans les rues du Panier

Musée des Docks romains

mosaïque du IIIe s. apr. J.-C. Elle représente une baigneuse, si bien rendue que l'on peut voir jusqu'aux reflets de sa peau !
10, pl. Vivaux, 2e arr. • ☎ 04 91 91 24 62 • www.musee-histoire-marseille-voie-historique.fr • Mar.-dim. 10h-18h • Accès libre.

❺ LA MONTÉE ET LE CLOCHER DES ACCOULES★★★

La **montée des Accoules,** une ruelle typique du Panier, débute place de Lenche et s'achève place Daviel. Ses maisons ne sont pas toujours très droites, certaines attendent encore une réhabilitation qui tarde. Au n° 29, la façade du **Préau des Accoules** ne laisse rien paraître de la splendeur intérieure de cet ancien collège jésuite du XVIIe s., remanié au XVIIIe s. et transformé en espace de création

❹ Pour une pause sur le pouce : Maison Geney

« Salé. Sucré. Cuisiné. » : en trois mots écrits sur la façade, tout est dit. Dès l'ouverture, les habitués viennent chercher leur café à emporter accompagné d'une brioche aux pralines. Le midi, place à la *focaccia* ultragénéreuse (4,50 €) ou, pour se donner bonne conscience, à un beau choix de salades de saison et de soupes réconfortantes. Quant à l'accueil ? Il est charmant et souriant.

38, rue Caisserie, 2e arr. • ☎ 04 91 52 44 82 • www.maisongeney.com • Mar.-dim. 8h-19h30.

Terrasses du Panier, rue des Pistoles

et d'exposition pour les enfants (p. 164). La flèche rose du clocher de **l'église des Accoules** domine le quartier. En descendant vers la **place Daviel,** on passe devant cette église et sa crypte en faux rochers du XIXᵉ s., plutôt kitsch.

Entrée de l'église pl. Daviel, 2ᵉ arr.
• ☎ 04 91 90 01 82
• Mar.-sam. 14h-18h30.

6 L'HÔTEL-DIEU★★

Les Marseillais sont très attachés à cet ancien hospice médiéval qui fut reconstruit au XVIIIᵉ s. puis agrandi sous le Second Empire. Jusqu'en 1993, ils venaient encore ici se faire soigner. Abandonné en 2006, l'Hôtel-Dieu s'est depuis transformé en palace. Faites comme les nostalgiques et offrez-vous le luxe d'un café sur sa grande terrasse ! La vue sur la Bonne Mère est magnifique.

Hôtel Intercontinental • 1, pl. Daviel, 2ᵉ arr. • ☎ 04 13 42 42 42
• www.marseille.intercontinental.com

7 LA PLACE DE LENCHE★

Pour se faire une idée de l'ancienne agora grecque qui se trouvait ici, il faut imaginer la place sans les immeubles modernes au sud qui bouchent la vue sur le Vieux-Port. Elle tire son nom d'un riche négociant venu de Corse en 1553 pour fonder la Compagnie du corail. Comme beaucoup d'autres commerçants enrichis par leurs activités portuaires, il construisit un hôtel particulier au nº 4 de la place, aujourd'hui le **théâtre de Lenche**. Avec ses cafés et ses restaurants, c'est l'un des coins les plus animés du Panier, même si la place a perdu de son charme depuis que la Ville a fait abattre tous les arbres.

❽ LA PLACE DES MOULINS*

Cette jolie place ombragée est le point culminant du Panier. Autrefois, une quinzaine de moulins à vent y tournaient. Ils ont disparu (sauf un transformé en maison), mais pas l'énorme citerne d'eau cachée dessous (visite lors des Journées du patrimoine). Entourée de bancs, de platanes, d'une fontaine et d'une école communale, cette place villageoise est sans conteste la plus agréable du quartier, même si elle peut aussi se montrer bruyante et

Place des Moulins

pas très recommandable le soir. Poursuivez la balade en empruntant l'escalier vers la rue des Muettes, puis la rue Savarelli et la rue des Honneurs. À gauche : la traverse Baussenque ramène à l'ancien couvent du Refuge.

❾ LE COUVENT DU REFUGE*

Aujourd'hui, c'est une bibliothèque et un centre social, mais aux XVIIe et XVIIIe s., cet ancien couvent « soignait » les « brebis galeuses » : les prostituées, mais aussi les femmes adultères et les concubines. Elles entraient côté rue du Déshonneur (depuis rebaptisée rue des Honneurs) et en ressortaient par la rue des Repenties ! La cour intérieure de la bibliothèque, bordée d'une galerie à arcades, vaut le détour.

Bibliothèque du Panier, pl. du Refuge, 2e arr. • ☎ 04 91 91 20 50 • Mar. et jeu. 13h-18h, mer. et ven.-sam. 10h-12h et 13h-18h.

❿ LA VIEILLE-CHARITÉ***

Ce magnifique édifice du XVIIe s. revient de loin. Hôpital des pauvres, puis asile pour enfants et vieillards, le bâtiment fut progressivement laissé à l'abandon au début du XXe s. Le cri d'alarme de Le Corbusier, puis l'inscription aux Monuments historiques et la loi Malraux sur la sauvegarde du patrimoine le sauvèrent de la démolition. Mais il dut subir

18 ans de restauration, de 1968 à 1986, avant de retrouver toute sa splendeur et d'accueillir désormais deux musées.

Le bâtiment

Dès 1640, le Conseil de la ville choisit un terrain – près de ce qui est aujourd'hui la cathédrale de la Major – pour y construire un hôpital des pauvres et des mendiants, comme le veut la politique royale. L'architecte du roi, Pierre Puget, ne met son projet en route qu'en 1671. Le bâtiment, réalisé en pierres roses et blanches, se compose de quatre ailes rectilignes formant un espace fermé avec une cour intérieure. Des galeries en arcades en rythment les trois niveaux. Une chapelle baroque, magnifiée par un dôme ovoïde, occupe le centre de la cour. Sur son fronton, réalisé près de deux siècles plus tard, la Charité, entourée de deux pélicans, symboles de la fertilité, accueille les enfants.

Le musée d'Archéologie méditerranéenne (M.A.M.)

Installée depuis 1989 au sein de la Vieille-Charité, ce musée permet de se repérer facilement car la muséographie fait coïncider chaque salle et son époque : un grand mur de temple pour l'époque égyptienne, un lion à l'entrée des salles dédiées à la Grèce… La collection égyptienne, très riche (2e fonds de France, juste après celui du Louvre), contient des pièces remarquables et retrace l'histoire de l'ancien Empire jusqu'à l'époque copte. Au fil des salles, on admire de petites statues et des instruments de musique chypriotes, une amusante figurine d'acteur comique grec, de beaux vases égyptiens en marbre et albâtre...

Le musée des Arts africains, océaniens et amérindiens (M.A.A.O.A.)

Dans une lumière tamisée, les civilisations défilent avec leurs spécificités. L'art primitif se dévoile en os, dents, plumes et cheveux dans la salle Henri-Gastaut, qui regroupe des crânes sculptés, peints ou gravés d'Océanie. Parmi les merveilles de ces trois civilisations, on trouve de nombreux masques africains, dont la technique varie d'un pays à l'autre, et de beaux arbres de vie mexicains dans les vitrines de la collection Reichenbach. Dans la même salle, amusez-vous à reconnaître les tableaux de peintres célèbres revisités par des artistes amateurs mexicains : Picasso, Botticelli, Van Gogh... un détournement amusant !

Un havre de paix et de douceur

Le rez-de-chaussée du bâtiment abrite le **Centre international de poésie de Marseille,** qui propose expositions, rencontres et ateliers autour de la poésie contemporaine. Sa bibliothèque de 40 000 ouvrages de poésie est ouverte au public. On trouve aussi au rez-de-chaussée le Charité Café, un salon de thé parfait pour profiter de la sérénité des lieux.

2, rue de la Charité, 2ᵉ arr. • www.vieille-charite-marseille.com • Mar.-dim. 10h-18h (19h de mi-mai à mi-sept.), ouv. lun. de Pâques et de Pentecôte, f. 1ᵉʳ janv., 1ᵉʳ mai et 25-26 déc. • Entrée : 6 € (gratuit 1ᵉʳ dim. du mois) • **Musée d'Archéologie méditerranéenne :** ☎ 04 91 14 58 59 • http://culture.marseille.fr/les-musees-de-marseille/musee-d-archeologie-mediterraneenne

Pierre Puget, l'enfant du pays

Né en 1620 dans le quartier du Panier à Marseille, Pierre Puget a commencé la sculpture dès l'âge de 14 ans. À 18 ans, il part en Italie peaufiner sa technique en peinture et décoration. Tout à la fois architecte, peintre et sculpteur, il marqua fortement l'art français du XVIIᵉ s. en réalisant de nombreuses commandes à Toulon, mais aussi à Versailles et à Gênes (Italie). À Marseille, il réalise l'hôpital de la Vieille-Charité, l'un de ses chefs-d'œuvre. Quelques sculptures et peintures de l'artiste sont également exposées au musée des Beaux-Arts de Marseille.

M.A.A.O.A.

• Musée des Arts africains, océaniens et amérindiens : ☎ 04 91 14 58 80
• http://maaoa.marseille.fr

⓫ LE CHEVALIER ROZE*

C'est une des dernières sensations de la scène culturelle à Marseille : l'ouverture d'un espace privé de 800 m² consacré à la création contemporaine. Trois premières galeries (dont la parisienne Crèvecoeur) ont déjà pris possession des lieux dans une petite rue parallèle à la rue de la République, en attendant que d'autres ne s'installent. Sur place, on trouve aussi une boutique d'art spécialisée dans la production de multiples d'artistes originaux, signés et numérotés.

2-19, rue du Chevalier-Roze, 2ᵉ arr.
• Ouverture selon les expositions et les vernissages : mer.-sam. 14h-19h.

3 Le Mucem
ET LA MAJOR

Restos & bistrots p. 113 | Boutiques p. 167

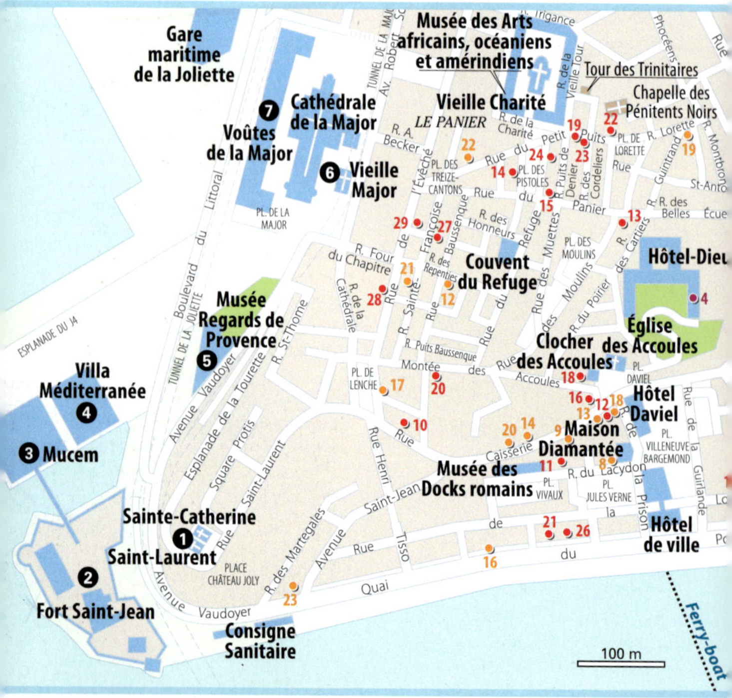

Sorti de terre à l'occasion de Marseille-Provence 2013 Capitale européenne de la culture, le Mucem est devenu le symbole ultime du renouveau. Face à sa beauté et à sa poésie, les Marseillais regardent leur ville avec fierté ! Comme eux, on redécouvre ce coin longtemps resté peu fréquentable et on s'extasie devant la majesté de la Major, sublimée par ses nouveaux voisins, le musée Regards de Provence et la Villa Méditerranée.

X

❶ L'ÉGLISE SAINT-LAURENT ET LA CHAPELLE SAINTE-CATHERINE*

Au-dessus du Vieux-Port et du fort Saint-Jean se dresse la jolie église Saint-Laurent. Constuite au XIIe s. dans le style roman provençal, c'est la seule paroisse du Moyen Âge que Marseille ait conservée. Une travée lui manque depuis qu'elle a servi à la construction du fort Saint-Jean, et le clocher a été reconstruit au XVIIe s., mais l'église a encore fière allure. Accolée à Saint-Laurent, la chapelle Sainte-Catherine fut édifiée par les pénitents blancs du XVIIe s. Depuis l'inauguration du Mucem en 2013, le parvis de l'église est relié au fort Saint-Jean par une passerelle de 70 m.

Entre l'esplanade de la Tourette et la rue Saint-Laurent, 2e arr.

X

❷ LE FORT SAINT-JEAN***

Désormais relié au Mucem par une passerelle de 130 m, l'ancien complexe militaire a été réhabilité en 2013 par l'architecte marseillais Roland Carta pour accueillir une partie des collections du nouveau musée. Les extérieurs, transformés en un jardin méditerranéen de 12 000 m², méritent de s'y balader et de s'y arrêter, notamment pour profiter du panorama à couper le souffle sur la cathédrale de la Major et le port de la Joliette.

Un système de défense

L'origine du nom vient des hospitaliers de Saint-Jean de Jérusalem, qui s'installent sur le site au XIIIe s. Les tours sont déjà érigées avant que Louis XIV n'y ajoute des fortifications pour doter la ville d'un imposant système défensif (p. 31). Il y a la tour carrée, construite au XVe s., sous le roi René, qui défend l'entrée nord du port. Sur la façade maritime, il y a aussi la tour ronde du Fanal, construite en 1644. Sur ordre du Roi-Soleil, le chevalier de Clerville bâtit le fort doté de remparts qui intègrent les deux tours. Quelques années plus tard, Vauban complète le dispositif en faisant creuser un fossé inondable entre le fort et la ville.

Fort Saint-Jean

Mucem

Promenade Louis-Brauquier, 2e arr. • ☎ 04 84 35 13 13 • www.mucem.org • Mai-juin et sept-oct : mer.-lun. 11h-19h ; juil.-août : mer.-lun. 10h-20h ; nov.-avr. : mer.-lun. 11h-18h ; f. 1er mai et 25 déc. • Entrée : 9,50 €.

❸ LE MUCEM★★★

C'est le symbole de Marseille-Provence 2013 et désormais le site le plus photographié de la ville. Le Musée des civilisations de l'Europe et de la Méditerranée est réparti sur trois sites mais se cristallise autour du J4 et de sa dentelle de béton, signée de l'architecte Rudy Ricciotti associé à Roland Carta. C'est le premier musée national délocalisé en région.

Une architecture ouverte sur la mer

Les Marseillais ont attendu longtemps (12 ans au total) avant de voir ce cube sortir de terre sur l'ancien môle portuaire du J4. Depuis, ils ne se lassent pas de ce pont jeté face à la Méditerranée, entouré d'une résille de béton façon moucharabieh. Ne manquez surtout pas ses coursives qui serpentent tout le long du J4 et qui offrent des perspectives nouvelles sur la mer. Depuis le toit, une passerelle suspendue au-dessus de la darse permet de relier le J4 au fort Saint-Jean, partie intégrante du Mucem.

Des collections évolutives réparties sur trois sites

Héritées du musée des Arts et Traditions populaires autrefois situé dans le bois de Boulogne, les collections semi-permanentes sont nichées au rez-de-chaussée du J4, dans la galerie de la Méditerranée. Au programme : l'histoire de la Méditerranée vue sous l'angle de la ruralité d'une part, et de la connectivité des villes de l'autre. Les étages du J4 et les salles du fort Saint-Jean sont consacrés aux expositions temporaires. On trouve également un auditorium qui accueille des conférences et des concerts et projette des films. Objectif : la pluridisciplinarité. Pour visiter les coulisses, direction le Centre de conservation et de ressources du Mucem dans le quartier de la Belle de Mai (p. 56).

Une expérience sensorielle

Venir au Mucem, c'est en prendre plein les yeux et plein les oreilles. Entre l'iode de la mer qui affleure les jours de grand mistral, la mise en lumière bleutée des bâtiments le soir et les sons diffusés tout le long des coursives, pleins d'accents et de voix, c'est le corps tout entier qui plonge dans la Méditerranée ! Le goût n'a pas non plus été oublié. Toutes les tables du Mucem ont été confiées à Gérald Passédat, le chef du Petit Nice sur la Corniche (p. 129); elles sont situées sur le toit-terrasse, c'est ce qu'on appelle le **Môle Passédat.**

Esplanade du J4, 2e arr. • ☎ 04 84 35 13 13 • www.mucem.org • Mai-juin et sept-oct : mer.-lun. 11h-19h ; juil.-août : mer.-lun. 10h-20h ; nov.-avr. : mer.-lun. 11h-18h ; f. 1er mai et 25 déc. • Entrée : 9,50 €.

X

❹ LA VILLA MÉDITERRANÉE*

Le Mucem lui fait de l'ombre, mais vous auriez tort de bouder ce bâtiment tout blanc signé de l'Italien Stefano Boeri. Trait d'union entre la terre et la mer, son architecture se distingue par une avancée en porte-à-faux de 40 m qui culmine à 19 m au-dessus d'un bassin artificiel. À l'intérieur, des parois en verre aménagées au sol vous donneront l'illusion de marcher sur l'eau ! Pensée comme un lieu de rencontre et d'ouverture, la Villa Méditerranée exploite toutes les ressources possibles pour bâtir le monde méditerranéen de demain : expos, rencontres, débats, etc.

Esplanade du J4, 2e arr. • ☎ 04 95 09 42 70 • www.villa-mediterranee.org • Mar.-ven. 12h-18h, sam.-dim. 10h-18h ; f. 1er janv., 1er mai et 25 déc. • Accès libre.

Darse du Mucem

❺ LA STATION SANITAIRE/LE MUSÉE REGARDS DE PROVENCE*

Depuis 2013, l'ancienne station sanitaire du port de Marseille héberge un musée. Construit en 1948 par Fernand Pouillon pour accueillir les migrants, le bâtiment a conservé intactes ses façades, ses verrières, ses étuves et ses salles de douche collective. Mais à l'intérieur, la Fondation Regards de Provence organise maintenant des expositions d'art moderne et contemporain consacrées à la Méditerranée (du XVIIIe s. à nos jours).

Rue Vaudoyer, 2e arr. • ☎ 04 96 17 40 40 • www.museeregardsdeprovence.com • Mar.-dim. 10h-18h, f. 1er janv., 1er mai, 15 août et 25 déc. • Entrée : 4 € exposition permanente, 6,50 € expositions temporaires, 8,50 € billet couplé.

❻ LA CATHÉDRALE DE LA MAJOR ET LA VIEILLE MAJOR***

Vous ne pouvez pas la manquer, cette « nouvelle » Major, cathédrale depuis 1897. Elle semble même démesurée sur son esplanade qui précède le nouveau port. Son style néobyzantin se retrouve à l'intérieur, dans son architecture en forme de croix latine et ses décors en marbre polychrome. Accolée à elle, la Vieille Major est l'ancienne cathédrale du XIIe s. Les soubassements de la Major, qui ont longtemps servis aux entrepôts portuaires, ont été récemment aménagés pour accueillir restaurants et commerces. C'est ce qu'on appelle les Voûtes.

La Vieille Major

À l'emplacement des deux cathédrales Major, un baptistère paléochrétien avait été construit au Ve s. La taille de ses fondations - plus de 25 m de côté - en a dévoilé l'importance : il devait s'agir d'un groupe cathédrale comprenant une église, un siège épiscopal et le baptistère. Au XIe s., les premiers évêques de Marseille construisirent une nouvelle cathédrale de style romano-provençal, comme en témoignent la nef et la coupole. Plusieurs fois remaniée, la Vieille Major fut finalement jugée trop petite et perdit son titre de cathédrale en 1852. Elle conserva toutefois une fonction d'église paroissiale jusque dans les années 1950. Aujourd'hui, elle ne se visite même plus.

Trois architectes pour une cathédrale

Lorsqu'on décida de bâtir la Nouvelle Major, deux siècles avaient passé sans que l'on ne construise de cathédrale en France. L'événement fut tel que Louis-Napoléon Bonaparte se déplaça pour en poser la première pierre, en 1852. Les travaux durèrent 40 ans, marqués par les décès successifs des architectes : Léon Vaudoyer en 1872, puis Henri-

Jacques Espérandieu en 1874. Henri Révoil termina l'ouvrage en 1893 et l'église fut consacrée en 1897.

Le bâtiment

De style romano-byzantin en forme de croix latine, il comprend un portique entouré de deux tours et prolongé par une coupole. Les dimensions sont remarquables : 60 m de haut pour chaque tour et 70 m pour la coupole centrale ! La voûte du porche est ornée de mosaïques bleu et or et dominée par la statue du Christ et par celles des saints Pierre, Paul, Lazare, Maximin et des saintes Madeleine et Marthe. Elle précède la nef principale et ses trois travées, les nefs latérales et le transept qui mène au déambulatoire. L'ornementation est flamboyante : pierre et marbre aux tons rouge et ocre clair, mosaïques multicolores, sculptures, bronzes, colonnes et chapiteaux.

Cathédrale de la Major

Pl. de la Major, 2e arr. • ☎ 04 91 90 52 87 • http://marseille.catholique.fr/La-Major-cathedrale • Avril-sept. : mer.-lun. 10h-18h30 ; oct.-mars : mer.-lun. 10h-17h30 • Accès libre.

❼ Pour une pause *healthy* : Essentiel Lifestore

Une boutique incroyablement belle et lumineuse, qui fonctionne comme un grand tout : on s'y habille à la mode écolo, on y mange sainement, on s'y cultive et on peut même s'y faire soigner dans les salons du 1er étage réservés à des ateliers et des séances bien-être ! Côté mode : jeans en coton bio, écharpes en chanvre, sacs et chaussures en cuir vegan. Côté cuisine : du *green* et du saisonnier avec pain maison, soupe de courge, salades croquantes et plein de gâteaux appétissants... Un grand tout à mille lieux des clichés néo baba-cool !

Les Voûtes de la Major, quai de Tourette, 2e arr. • ☎ 04 91 45 26 32 • T.l.j. 10h-19h (22h30 jeu.-ven.) • Formule midi : 19 € (2 plats salés + 1 plat sucré).

4 Le quartier DE LA JOLIETTE

Bars & clubs p. 138

C'est ici, au nord, que se dessine et se fabrique la ville de demain. Encore infréquentable dans les années 1990 - trop de bruit, trop de squats, pas assez de commerces, pas assez de transports -, la Joliette s'est véritablement métamorphosée sous l'impulsion d'Euroméditerranée. Boudé et décrié à ses débuts en 1995, ce projet titanesque est en train de gagner son pari. Aujourd'hui, les Marseillais profitent du renouveau de ces quais portuaires où business, loisirs et culture font désormais bon ménage !

X

❶ LE PORT DE LA JOLIETTE*

Difficile de circuler à pied le long du port, coincé entre une avenue très passante - le quai de la Joliette - et l'autoroute qui passe juste au-dessus ! C'est pourtant ici que bat le cœur portuaire de Marseille depuis le XIXe s. Approchez-vous des paquebots de croisière et des bateaux marchands qui accostent le long du bassin de la Grande Joliette, ils sont impressionnants.
Bd du Littoral, 2e arr.

X

❷ LES DOCKS**

L'architecte Éric Castaldi a entièrement réhabilité ces anciens entrepôts maritimes du XIXe s. constitués de cinq bâtiments de six étages. Il a su allier aspect authentique et style contemporain en favorisant le fer, la brique et le bois. Depuis 2015, les Docks sont devenus un centre commercial atypique qui héberge une soixantaine de restaurants, de boutiques indépendantes et d'œuvres artistiques exposées dans chacun des patios.

10, pl. de la Joliette, 2e arr.
• 04 91 44 25 28
• www.lesdocks-marseille.fr
• Boutiques : t.l.j. 10h-19h ; restaurants : midi et soir.

Les Docks

❸ LE FRAC PACA★★

Depuis mars 2013, un bâtiment totalement transparent accueille le FRAC de deuxième génération de la région Provence-Alpes-Côte d'Azur. On le doit au Japonais Kengo Kuma. À l'extérieur : une façade habillée de pixels de verre. À l'intérieur : un centre de documentation, un espace pédagogique, des résidences d'artistes, un restaurant et surtout deux grandes salles d'exposition. Chaque année, le FRAC y organise entre trois et quatre expos à partir d'un fonds d'art contemporain riche de 900 œuvres.

20, bd de Dunkerque, 2e arr. • ☎ 04 91 91 27 55 • www.fracpaca.org • Mar.-sam. 12h-19h, dim. 14h-18h • Entrée plein tarif : 5 € (gratuit dim. et un ven. par mois 18h30-22h).

Le projet Euroméditerranée

« Créer une ville dans la ville » : voilà l'ambition de ce projet né en 1995. Concentré autour du quartier de la Joliette sur une superficie de 480 ha, Euroméditerranée est une opération d'intérêt national soutenue par l'État, les collectivités locales et l'Europe. Grâce à elle, la rue de la République s'est transformée, le port de commerce s'est désenclavé et tout un quartier est actuellement en train d'émerger. Objectif affiché ? Hisser Marseille au niveau des plus grandes métropoles européennes. Pari presque réussi !

❹ LES TERRASSES DU PORT*

Ce centre commercial a vu le jour en 2014. Conçu comme un lieu de vie ouvert sur la mer et sur la ville, il rassemble sur trois étages commerces, boutiques, cafés, bars et une salle de sport. Son atout majeur, c'est son immense toit-terrasse suspendu sur l'horizon, qui donne l'impression d'être sur le pont d'un bateau. Résultat : touristes et Marseillais adorent, et ses allées sont bondées chaque week-end.

Bd du Littoral, 2e arr. • ☎ 04 96 11 42 90 • www.lesterrassesduport.com • Boutiques : t.l.j. 10h-20h ; restaurants : t.l.j. 10h-1h.

Le Silo

❺ LE THÉÂTRE JOLIETTE-MINOTERIE**

En 2012, le théâtre a dit adieu à l'ancien moulin qu'il occupait depuis 1985 dans le quartier. Un an plus tard était inauguré ce nouvel espace rebaptisé Joliette-Minoterie. Éclectisme, ouverture et exigence sont le credo de ce théâtre qui a accueilli entre autres des spectacles de Peter Brook et de Trisha Brown. En journée, le lieu organise des visites gratuites de ses coulisses (se renseigner au préalable sur les dates et les horaires).

2, pl. Henri-Verneuil, 2e arr. • ☎ 04 91 90 07 94 • www.theatrejoliette.fr • Billet : 20 €.

❻ LE SILO**

L'ancien silo à blé construit en 1927 s'est reconverti en 2011 en une immense salle de spectacle, façon théâtre à l'italienne. Entre son parterre central et ses balcons, il affiche une capacité totale de 2 050 places ! La structure en béton armé et en tôle rouge, classée Patrimoine du XXe s. depuis 2004, affiche une programmation vraiment éclectique : opéras, humour, concerts de rock, danse, spectacles jeune public...

35, quai du Lazaret, 2e arr. • ☎ 04 91 90 00 00 • www.silo-marseille.fr

❼ LES QUAIS D'ARENC*

Le visage de la Marseille de demain se dessine ici autour

Tour CMA-CGM

d'un programme immobilier de logements, de bureaux et de commerces qui réunit quatre grands architectes. Roland Carta a été le premier à achever **Balthazar,** un immeuble de bureaux de 31 m. Une « broutille » face aux 135 m de **La Marseillaise** de Jean Nouvel. Livrée en 2018, elle aura mis quatre ans à sortir de terre. À suivre : la **H99,** une tour de logements de très haut standing imaginée par Jean-Baptiste Piétri, et la **H56** d'Yves Lion, qui doit abriter hôtels et résidences de tourisme. À Marseille, peu habituée à tant d'audace architecturale, on surnomme déjà ce projet « skyline » !

❽ LA TOUR CMA-CGM*

Impossible de ne pas la remarquer : c'est la plus haute tour de bureaux de toute la ville. Sortie de terre en 2011, elle est signée d'une star internationale de l'architecture : l'Anglo-Irakienne Zaha Hadid, à qui l'on doit le MAXXI de Rome. Elle abrite les bureaux de la société maritime CMA-CGM. Malgré ses 147 m de haut, la tour reste moins haute que la Bonne Mère (154 m) : une condition, dit-on, posée par le maire de la ville, Jean-Claude Gaudin ! Fortement décriée pendant les travaux, la tour a quelque chose de fascinant le soir, quand le coucher de soleil se reflète dans ses miroirs... À ses pieds, ne loupez pas *It takes two to tango* (il faut être deux pour danser), une sculpture de sumos signée de l'artiste écossais David Mach.

4, quai d'Arenc, 2e arr. • www.cma-cgm.com • Ne se visite pas.

❾ LES ARCHIVES ET LA BIBLIOTHÈQUE DÉPARTEMENTALES*

C'est Corinne Vezzoni, une architecte à l'origine du Centre de conservation du Mucem (p. 56), qui a conçu en 2006 ce bâtiment serti d'un écrin de verre translucide abritant les archives départementales des Bouches-du-Rhône. Une grande partie des 28 000 m² de locaux sont ouverts au public : la salle de lecture, le salle d'actualité, l'auditorium et la salle d'exposition. Ce lieu

de mémoire organise toute l'année des expos, des débats et des visites (se renseigner auprès de l'office de tourisme). L'été, il y a même des séances de cinéma en plein air, des concerts dans les jardins et des balades en mer !
18, rue Mirès, 3e arr. • ☎ 04 13 31 82 08 • www.archives13.fr • Lun. 14h-18h, mar.-ven. 9h-18h, sam. 9h-12h45 (sf juil.-août) • Accès libre.

⑩ LA RUE DE LA RÉPUBLIQUE*

L'ancienne rue Impériale, percée sous le Second Empire, est une des plus belles artères de Marseille. Bordée d'immeubles haussmanniens presque tous identiques, elle relie le Vieux-Port à la place de la Joliette. Trop parisienne pour les Marseillais, qui l'ont longtemps snobée, elle fait l'objet d'une réhabilitation et d'une requalification de ses commerces, mais cela tarde à prendre forme. Elle est néanmoins desservie par le nouveau tram et vous pourrez y faire du shopping tout en admirant les statues (au n° 63) et les cariatides (au n° 51) de ses façades. Glissez-vous aussi dans le passage Lorette (n° 51) : il débouche dans le quartier du Panier.

⑪ Pour une pause gourmande et saine : Spok

Déjeuner vite, sain et gourmand ? Chez Spok, c'est possible. Cette minichaîne de restaurants façon table d'hôtes est un concept cosy et branchouille né à Marseille. Ici, on peut croquer dans un Jacqui : un pain au maïs garni de cornichons, de poulet croustillant, de mimolette et d'oignons rouges. À moins d'opter pour les plats du jour (comme le saumon en croûte de sésame) ou pour une salade protéinée, le tout arrosé d'une limonade bio ou d'une Cagole du coin. Spok compte plusieurs adresses dans tout Marseille.

48, rue Mazénod, 2e arr.
• ☎ 04 91 91 57 29
• www.spok.fr
• Lun.-ven. 9h-16h
• Sandwich : autour de 6 € ; salades : env. 8 €.

5 De Saint-Charles À LONGCHAMP

Restos & bistrots p. 115 | Bars & clubs p. 139

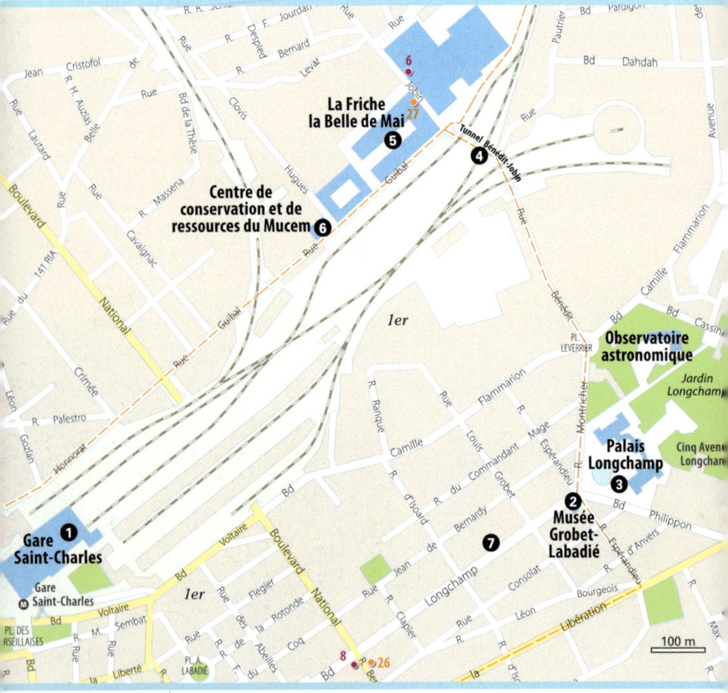

Longtemps laissé à l'abandon et enclavé du reste de la ville, le quartier de la Belle de Mai vit une deuxième jeunesse depuis l'essor de la Friche, installée en lieu et place de l'ancienne manufacture des tabacs, et l'arrivée du Centre de conservation et de ressources du Mucem. De l'autre côté des rails de la gare Saint-Charles, changement de décor : ici trônent le palais Longchamp, ses musées, sa fontaine et son parc bucolique.

❶ LA GARE SAINT-CHARLES**

Entourée de sculptures coloniales et de lampadaires Art déco, sa volée d'escaliers de 105 marches est célèbre dans le monde entier. Le bâtiment central, représentatif des gares du XIXe s., avec une ossature métallique supportant la verrière, a été rénové. La gare accueille, quai A, le **Viens attendre à Marseille** (lun.-jeu. 7h-19h, ven. 7h-20h, sam. 8h-19h, dim. 8h-20h), un café cosy comme on rêve d'en trouver dans une gare. Au programme ? Fauteuils moelleux, livres à troquer, restauration légère, librairie et expos.

Square Narvik, 1er arr.

❷ LE MUSÉE GROBET-LABADIÉ**

Après plus de 4 ans de gros travaux, ce musée doit normalement rouvrir ses portes fin 2018. L'occasion de remonter le temps et de voir à quoi ressemblaient les appartements bourgeois du XIXe s. L'occasion surtout de découvrir les goûts éclectiques de Louis Grobet et Marie-Louise Labadié, un couple de négociants qui a cédé son hôtel particulier et ses collections à la Ville dès 1919. Entre les peintures, les sculptures, les céramiques, le mobilier, les tapisseries, les instruments de musiques et les vitraux, c'est un vrai cabinet de curiosités !

Gare Saint-Charles

Musée des Beaux-Arts, palais Longchamp

En attendant l'inauguration officielle, sachez que le musée ouvre ses portes à de rares occasions : Nuit des musées ou Journées du Patrimoine. Un conseil : téléphoner avant de prévoir une visite !
140, bd Longchamp, 1er arr. • ☎ 04 91 62 21 82 • Lun.-mar. et jeu.-ven. 9h30-12h et 14h-17h sur r.-v. • Entrée : 3 €.

❸ LE PALAIS LONGCHAMP***

Cascades, fontaine, escaliers d'honneur et arc de triomphe... Ce palais élevé au XIXe s. pour célébrer l'arrivée du canal de la Durance en centre-ville est impressionnant. Chacune de ses ailes abrite aujourd'hui un **musée,** alors qu'à l'arrière, l'ancien zoo a été reconverti en **jardin public** bucolique.

De l'eau pour Marseille

Marseille a toujours souffert du manque d'eau. Au XVIe s., on songe déjà à construire un canal pour alimenter Marseille avec la rivière Durance. La décision est enfin prise au XIXe s. et les travaux de creusement du canal débutent en 1839. C'est un immense chantier (85 km), qui nécessite la construction de 18 ponts-aqueducs et de nombreux souterrains. Le 19 novembre 1849, l'eau de la Durance arrive dans un réservoir construit sur le plateau Longchamp qui domine Marseille. Grâce au canal, les Marseillais vont bénéficier de trente fois plus d'eau par jour !

Le palais Longchamp

Un palais doit dissimuler les canalisations et les bassins enterrés de la dernière partie du canal. La Ville choisit le projet monumental d'Espérandieu : une colonnade en demi-cercle avec, au centre, une fontaine aux eaux débordantes qui glissent sur un escalier de pierre. Les sculptures allégoriques de la fontaine illustrent les bienfaits de la Durance. De part et d'autre de la colonnade, deux bâtiments en forment les ailes. À son inauguration en 1869, le palais Longchamp réunit sur un même site le château d'eau, deux musées et un parc botanique et zoologique.

Les musées

Réouverte en 2013 avec l'exposition « Le Grand Atelier du Midi, de Van Gogh à Bonnard », l'aile gauche du palais abrite le **musée des Beaux-Arts,** le plus ancien musée marseillais. Sa collection compte beaucoup d'œuvres de l'enfant du pays, Pierre Puget (encadré p. 38). L'aile droite est réservée au **Muséum d'histoire naturelle.** Les **jardins,** avec jeux pour enfants et buvette, cachent encore les réservoirs d'eau du canal. Depuis 2013, ils abritent aussi une centaine d'animaux en résine colorée dans les cages de l'ancien parc zoologique.

Bd Philippon, 4e arr. • Mar.-dim. 10h-18h (19h de mi-mai à mi-sept.), ouv. le lun. de Pâques et de Pentecôte, f. 1er janv., 1er mai, 1er nov. et 25-26 déc.
• Entrée : 6 € (gratuit 1er dim. du mois).
• **Muséum d'histoire naturelle :** ☎ 04 91 14 59 50
• http://culture.marseille.fr
• **Musée des Beaux-Arts :** ☎ 04 91 14 59 30 • http://culture.marseille.fr/les-musees-de-marseille/le-musee-des-beaux-arts

❹ LE TUNNEL BÉNÉDIT-JOBIN*

Depuis 2013, ce tunnel situé aux portes de la Friche la Belle de Mai s'est transformé en une galerie d'art insolite. Rebaptisé « **tunnel des 1000 signes** », il reste ouvert à la circulation tout en abritant plusieurs centaines de panneaux routiers et de pictogrammes imaginaires, conçus par l'artiste Frédéric Clavère, qui recouvrent ses murs et son plafond.

Palais Longchamp

❺ LA FRICHE LA BELLE DE MAI★★★

Il se passe toujours quelque chose à la Friche implantée dans l'ancienne manufacture des tabacs. Réaménagée en lieu de création artistique, elle draine un public de curieux plutôt bobo et *arty*.
Le soir, on y vient pour profiter des apéros du restaurant **Les Grandes Tables** (p. 115) et des concerts du **Cabaret Aléatoire** (p. 139) : Gonzales, Sébastien Tellier, Tricky, ESG, Jeff Mills, La Rumeur, Tarwater et Justice sont déjà passés ici.
On y vient aussi pour profiter de sa Tour-Panorama : un lieu double composé d'un vaste espace d'expositions d'art contemporain et d'une terrasse aérienne. L'été, la Friche y organise des soirées DJ et des séances de cinéma en plein air.

41, rue Jobin, 3e arr. • ☎ 04 95 04 95 95 • www.lafriche.org • Lun.-sam. 8h30-minuit (plus longtemps les soirs de spectacle), dim. 8h-22h.

❻ LE CENTRE DE CONSERVATION ET DE RESSOURCES DU MUCEM (C.C.R.)★

Sur la route qui part de la gare et remonte vers la Friche, vous croiserez le C.C.R. Dessiné par

Friche la Belle de Mai

7 Pour une pause familiale : Pouce !

Voilà un endroit parfait pour les familles en quête d'un havre de paix. Tous les midis, cette boutique pour enfants mitonne une cuisine bio, locale et fait maison, sans chichis. Sa botte secrète ? Une grande véranda arrière ouverte sur un immense jardin bucolique où s'installer. Tout a été pensé pour le bonheur des enfants (de la vaisselle en plastique aux chaises hautes, en passant par l'aire de jeux et les ateliers créatifs) et la tranquillité des parents !

95, bd Longchamp, 1er arr. • ☎ 09 52 73 32 21 • www.pouce-concept.com • Mar., jeu. et dim. 11h30-15h30, mer. et ven.-sam. 11h30-18h • Plat du jour : de 13 à 16 € ; menu enfant : 10 €.

l'architecte arloise Corinne Vezzoni (à qui l'ont doit déjà les Archives départementales, p. 50), ce cube de béton rugueux de 10 000 m² abrite tout le fonds qui fait la richesse du Mucem : 250 000 objets, 110 000 tableaux, estampes et dessins, 450 000 photographies et près de 100 000 ouvrages. Sans compter les archives papiers, sonores et visuelles ! Pour accéder à une - petite - partie des archives, il suffit de prendre rendez-vous. Mieux encore, surveillez le programme des visites guidées de l'appartement témoin : 800 m² remplis d'un échantillon des collections du Mucem (en général chaque premier mardi du mois).

1, rue Clovis-Hugues, 3e arr. • ☎ 04 84 35 14 23 • Lun.-ven. 9h-12h30 et 14h-17h.

6 Noailles ET LA PLAINE

Restos & bistrots p. 116 | Bars & clubs p. 141 | Boutiques p. 168

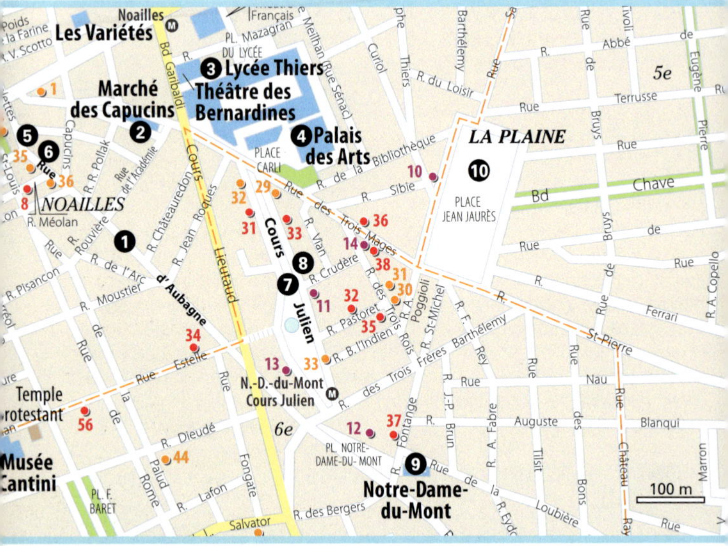

Le « Montmartre » de Marseille, moitié artiste et étudiante, moitié cosmopolite et exotique, va vous en mettre plein les yeux et les oreilles ! Entre le joyeux bazar épicé propre à Noailles, la bohème artistique et les murs tagués du « cours Ju » et les bistrots de la place Jean-Jaurès qui s'animent dès l'heure de l'apéro, voici un quartier vivant qui mérite qu'on s'y attarde.

❶ LA RUE D'AUBAGNE★★

Plongez dans une Marseille exotique en diable et cosmopolite en remontant cette rue sinueuse qui enjambe le cours Lieutaud et grimpe jusqu'à la place Paul-Cézanne. Truffée de restaurants maghrébins et de bouis-bouis africains, la rue mérite quelques arrêts : au nº 14, **Chez Jacques** est le dernier comptoir paysan à vendre lait cru et lait caillé ; au n° 39, impossible de résister au spectacle des pitas chaudes du **Cèdre du Liban** qui sortent tous les matins d'un toboggan en aluminium ; au n° 34, c'est l'odeur de l'encens et des épices qui vous guidera jusqu'à l'**Univers Alimentaire.** Un vrai bazar à ciel ouvert !

❷ LE MARCHÉ DES CAPUCINS*

Ce petit marché alimentaire a des parfums d'Orient et de Méditerranée. On y trouve des fruits et légumes exotiques, des poissons et une quantité impressionnante d'épices odorantes et d'herbes fraîches qui ornent la devanture des petits bazars.

Rues Longue-des-Capucins, Halle-de-la-Croix et pl. du Marché-des-Capucins, 1er arr. • Lun.-sam. 8h-19h.

❸ LE THÉÂTRE DES BERNARDINES*

Cette chapelle du XVIIIe s., facile à reconnaître avec son dôme, fut successivement couvent, entrepôt, caserne et salle de bal, avant de devenir théâtre d'art et d'essai en 1987. Les Marseillais disent que c'est leur Panthéon et leur Saint-Pierre tout à la fois, toutes proportions gardées ! La programmation artistique, plutôt avant-gardiste, mise sur la performance et l'innovation. À deux pas de là, jetez un œil au **lycée Thiers :** le plus ancien de la ville (1802). Marcel Pagnol, Édouard Balladur et le metteur en scène Daniel Mesguich y furent élèves (5, place du Lycée).

17, bd Garibaldi, 1er arr. • ☎ 04 91 24 30 40 • www.lestheatres.net • Spectacles : mar. et ven. 20h30, mer.-jeu. et sam. 19h30 • Billet : 13 €.

❹ LE PALAIS DES ARTS*

Ce gigantesque bâtiment fut construit au XIXe s. pour accueillir l'école des Beaux-Arts et la bibliothèque de la ville. Sa façade est riche de médaillons et d'allégories sculptées représentant les arts et les sciences. Aujourd'hui, il héberge encore le Conservatoire national de musique mais, depuis 2013 et le déménagement de la Fondation Regards de Provence aux Consignes sanitaires, il ne se visite plus.

2, pl. Carli, 1er arr. • Ne se visite pas.

L'Univers Alimentaire, rue d'Aubagne

❺ LE MUSÉE DE LA MAISON EMPEREUR**

La plus vieille quincaillerie de Marseille (p. 158) n'en finit pas de se réinventer. Après avoir ouvert un appartement d'hôtes à l'ancienne et une boutique de vêtements, elle a récemment inauguré un **musée des Métiers** pensé comme une vitrine du meilleur des entreprises du patrimoine vivant français. Tout ce qui y est exposé est lié à des objets vendus côté quincaillerie… Et pour faire la jonction entre la partie magasin et le musée, il y a désormais un salon de thé, autre nouveauté des lieux !

4, rue des Récolettes, 1er arr. • ☎ 04 91 54 02 29 • www.empereur.fr • Lun.-sam. 9h-19h.

❻ Pour une pause gourmande : L'Idéal

Julia Sammut est la tête chercheuse de cette épicerie nouveau genre. Fille de restaurateurs, elle n'a pas son pareil pour dénicher le meilleur des produits d'ici et d'ailleurs. À midi, les places sont chères pour décrocher une des tables dressées dans les allées. La carte change tous les jours selon le stock et les arrivages, mais il y a de fortes chances d'y croiser sandwichs tunisiens, falafels, tartines ultra-généreuses, tourtes et salades. Bon, beau, gourmand et service enjoué. Seul hic : les prix, plus proches de ceux de Paris que de Noailles.

11, rue d'Aubagne, 1er arr. • ☎ 09 80 39 99 41 • www.epicerielideal.com • Lun.-sam. 9h30-19h, dim. 10h-18h.

❼ LE COURS JULIEN**

Passé le bruyant cours Lieutaud (jetez tout de même un œil au bel immeuble à cariatides du n° 25), on retrouve le calme du cours Julien bordé d'arbres, dont la partie supérieure, où se trouvent la plupart des restaurants et des bars avec terrasse, est piétonne. Artistes, étudiants et jeunes créatifs branchés y ont élu domicile, séduits par cette ancienne promenade ouverte à la fin du XVIIIe s. entre les places Carli et Cézanne.
Le cours Julien s'anime avec son **marché alimentaire,** qui joue la carte bio le mercredi (8h-13h). Il accueille également le marché aux timbres tous les dimanches, ainsi que le **marché aux livres anciens** le 2e dimanche de chaque mois et une **brocante** très suivie le 3e dimanche.

❽ L'ESPACE JULIEN*

C'est le poumon musical du cours Julien. Installée depuis 1984 dans les locaux d'une ancienne friche maraîchère, cette scène dédiée aux musiques actuelles a déjà vu défiler des centaines d'artistes venus du rock, du rap, du hip-hop et de la chanson

Cours Julien

française (Jacques Higelin, Têtes Raides, The Gladiators, Shaka Ponk…). Pour les premières parties et les *afters*, les programmateurs mettent l'accent sur les artistes locaux. Et pour boire un verre avant ou après le spectacle, rendez-vous au **Café Julien** situé juste à côté.
39, cours Julien, 6e arr. • ☎ 04 91 24 34 10 • www.espace-julien.com • Ouv. selon programmation.

9 L'ÉGLISE NOTRE-DAME-DU-MONT**

Le style néoclassique propre au XIXe s. s'affiche sur la façade de Notre-Dame-du-Mont. À l'intérieur, la décoration de la nef par le peintre Pinta célèbre la glorification de la Vierge. Dans une chapelle latérale, côté nord, un tableau de Michel Serre représente une belle Vierge à l'Enfant. Pour l'anecdote, c'est ici que Chopin joua de l'orgue à son retour de Majorque, accompagné de George Sand.
Pl. Notre-Dame-du-Mont, 6e arr. • ☎ 04 91 48 36 96 • http://nd-du-mont.paroisse.net • Lun.-sam. 10h-12h et 16h-18h • Accès libre.

10 LA PLAINE**

La Plaine, c'est le surnom de la **place Jean-Jaurès.** Entre ses terrasses de café, son minijardin et son marché populaire, c'est une institution. Très fréquentée à toute heure du jour et de la nuit, elle est aussi ultra-bruyante et polluée. En 2017, la mairie a confirmé son intention de la rénover, suscitant aussitôt une levée de boucliers : changements prévus pour 2020 ! La place Jean-Jaurès accueille un beau **marché alimentaire** et laisse la place aux **forains** trois fois par semaine (mar., jeu. et sam.). Vous y trouverez les spécialités provençales habituelles (tissus, gastronomie…), mais aussi des lots de chaussures et de vêtements à des prix intéressants.

7 Le quartier DE LA PRÉFECTURE

Restos & bistrots p. 118 | Bars & clubs p. 143 | Boutiques p. 171

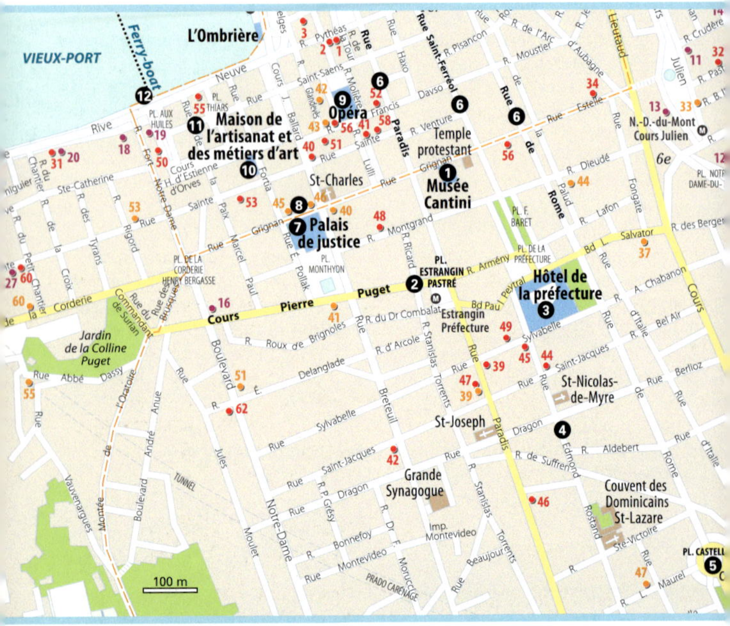

Bienvenue dans la Marseille du commerce, de la justice et des affaires. À quelques encablures du Vieux-Port, on remonte la rue de Paradis en bifurquant tout autour pour ne rien louper des hôtels particuliers, des fontaines et des belles façades qui la cernent. Ici, le shopping est roi entre les boutiques de la rue Saint-Ferréol et les antiquités qui ont envahi les alentours de la rue Edmond-Rostand. Besoin d'une pause culture ? Direction le musée Cantini et les galeries d'art qui ont investi le quartier.

❶ LE MUSÉE CANTINI**

Cet ancien hôtel particulier du marbrier Jules Cantini (qu'il a légué à la Ville) est devenu un musée d'art moderne en 1936. Sa collection permanente (1er étage) se concentre sur la période 1900-1960 - fauvisme, cubisme, néo-impressionnisme et surréalisme - et compte de grands noms de l'art tels Dubuffet, Picasso, Bacon, Dufy, Miró, Alechinsky ou Arp, et d'autres moins connus comme Louis-Mathieu Verdilhan, artiste qui a beaucoup peint le Vieux-Port de Marseille. Au rez-de-chaussée, le musée organise de grandes expositions temporaires toujours très courues.

19, rue Grignan, 6e arr. • ☎ 04 91 54 77 75 • http://culture.marseille.fr/les-musees-de-marseille/musee-cantini • Mi-mai-mi-sept. : mar.-dim. 10h-19h ; mi-sept.-mi-mai : mar.-dim. 10h-18h, ouv. le lun. de Pâques et de Pentecôte, f. 1er mai, 1er janv. et 25-26 déc. • Entrée : 6 € (gratuit 1er dim. du mois).

❷ LE COURS PIERRE-PUGET ET LA PLACE ESTRANGIN-PASTRÉ**

Le cours Pierre-Puget, très agréable avec ses arbres et ses beaux immeubles du XIXe s., longe la place Monthyon. Pour profiter de l'ombre rafraîchissante du cours, faites une pause à la Station uvale (p. 120), puis suivez-le jusqu'à la jolie place Estrangin-Pastré. Ornée d'une fontaine qui symbolise Marseille, le jeune Mercure et les différents continents, elle est bordée de superbes bâtisses du XIXe s. et du début du XXe s., aujourd'hui sièges de la Banque de France et de la Caisse d'Épargne.

❸ L'HÔTEL DE LA PRÉFECTURE*

Cet édifice monumental du Second Empire fut construit, comme le palais de Justice (p. 64), selon les plans d'Auguste Martin. Sa façade, ornée de statues et longue de 90 m, est imposante. Pour une vue d'ensemble de ce bâtiment majestueux, vous pouvez vous promener sur l'esplanade et autour du bassin situé juste devant. La place de la Préfecture se poursuit par la place Baret, très agréable en été avec ses terrasses offertes aux promeneurs.

Pl. de la Préfecture, 6e arr. • Ne se visite pas.

❹ LE QUARTIER DES ANTIQUAIRES**

Il débute à côté de la Préfecture et s'étale tout autour de la rue Edmond-Rostand. Depuis les années 1950, c'est le paradis des chineurs et des collectionneurs, qui y trouvent une concentration de brocanteurs, bouquinistes, galeries d'art, ébénistes, peintres, décorateurs et antiquaires en tout genre. Une balade d'autant plus agréable que le quartier compte de nombreux immeubles haussmanniens. Quatre dimanches dans l'année, on y organise les Journées de brocante et d'antiquités : toutes les échoppes sont ouvertes et les trottoirs débordent de trouvailles et de raretés en tout genre !

Rue Edmond-Rostand et adjacentes, entre les rues de Rome et Paradis, 6e arr. • www.antiquairesmarseille.com

❺ LA PLACE CASTELLANE*

Trois grandes artères de Marseille se rejoignent place Castellane : gare au trafic ! Rythmée par les départs des bus, le marché, les cinémas et les restaurants voisins, cette place très animée et hautement stratégique relie le centre-ville aux quartiers résidentiels du Prado. Une fontaine monumentale tout à la gloire du Rhône (de sa source à son embouchure) et de Marseille se dresse au beau milieu. Sculptée entre 1911 et 1913 par André Allar, elle fut ensuite offerte à la Ville de Marseille par Jules Cantini.

❻ RUES PARADIS, SAINT-FERRÉOL ET DE ROME*

Envie de shopping ? Direction ces trois rues parallèles bordées de boutiques en tout genre et à tous prix. La rue Paradis est la plus longue de la ville : elle s'étend sur 2,8 km, de la Canebière au Prado, et traverse trois arrondissements. Plus petite, la rue Saint-Ferréol est l'une des rares artères piétonnes de Marseille : levez le nez des vitrines des boutiques, elle regorge de très belles façades de l'Ancien Régime, des XIXe et XXe s.

❼ LE PALAIS DE JUSTICE**

Il a été construit dans un style néoclassique par Auguste Martin entre 1856 et 1862. Son esplanade est agrémentée d'une jolie pièce d'eau qui donne de la légèreté au bâtiment. Le fronton, qui coiffe les colonnes ioniques, a été sculpté par Eugène Guillaume : il dévoile une allégorie de la Justice.

6, pl. Monthyon, 6e arr. • Lun.-ven. 8h-17h • Accès libre.

❽ Pour une pause méditerranéenne : Piou

Entrez dans cette épicerie fine de produits méditerranéens, et vous ne le regretterez pas. Entre les biscuits aux anchois, les boîtes de sardines, les navettes, les bières artisanales, les confitures et les moutardes à la figue, Piou propose une formule du midi imbattable et délicieuse à 10 € (salade ou sandwich, dessert et boisson). À déguster sur place, au comptoir, ou à emporter pour manger sur les marches du palais de Justice tout proche.

70, rue Grignan, 1er arr.
• ☎ 09 82 36 54 46
• Lun.-sam. 10h-19h30.

❾ L'OPÉRA*

Inauguré en 1787, l'ancien Grand Théâtre est victime d'un incendie en 1919. Seuls les colonnes ioniques et l'ensemble de la façade néoclassique résistent au feu. Reconstruit dans les années 1920 dans un style Art déco, il est aujourd'hui dirigé par Lawrence Foster. Au programme : de grandes œuvres classiques et romantiques des répertoires italiens et français du XIXe s.

2, rue Molière, 1er arr. • ☎ 04 91 55 11 10 • http://opera.marseille.fr

❿ LA MAISON DE L'ARTISANAT ET DES MÉTIERS D'ART*

Poutres et pierres apparentes composent un décor idéal pour accueillir des expositions qui changent tous les mois : mosaïque, parures de fête au Brésil, médecine tropicale en outre-mer, bijouterie et orfèvrerie, santons. Le panel est large et très diversifié.

21, cours d'Estienne-d'Orves, 1er arr. • ☎ 04 91 54 80 54 • www.maisondelartisanat.org • Mar.-ven. 10h-12h et 13h-18h, sam. 13h-18h • Accès libre.

⓫ LE QUARTIER DE L'ANCIEN ARSENAL**

Ville dans la ville, le grand arsenal des galères occupait 195 ha. Transféré à Toulon en 1748, il est détruit et libère l'espace pour la construction d'un quartier aux lignes géométriques autour

Cours d'Estienne-d'Orves

de l'actuelle **place Thiars.** À ses côtés : la **place aux Huiles,** où passait l'ancien canal renfloué au début du XXe s., et le **cours d'Estienne-d'Orves,** rénové dans les années 1980 à la manière d'une piazza italienne. Aujourd'hui, tout le quartier est occupé par des restaurants et des bars touristiques.

Pl. Thiars, cours d'Estienne-d'Orves, pl. aux Huiles, 1er arr.

⓬ LE FERRY-BOAT**

Inauguré en 1880, il relie l'hôtel de ville au nord à la place aux Huiles au sud. C'est la plus petite traversée maritime du monde : 283 m seulement ! Nommé *César* en hommage à Marcel Pagnol, qui le rendit célèbre, il fut un temps remplacé par un transbordeur à énergie solaire qui ne fit pas long feu.

Quai du Port et quai de Rive-Neuve • ☎ 04 91 91 92 10 • www.rtm.fr/ferry-boat • T.l.j. 7h30-20h30, f. 1er mai • Traversée : 0,50 € (appoint demandé).

8 Le sud du Vieux-Port ET NOTRE-DAME

Restos & bistrots p. 122 | Bars & clubs p. 144 | Boutiques p. 179

Prenez une bonne inspiration, ça va grimper ! Ce triangle délimité par le théâtre de la Criée, le palais du Pharo et la colline de la Garde part à l'assaut de la Bonne Mère. Du haut de ses 154 m, elle domine toute la ville. Résultat : une vue panoramique à couper le souffle ! Au milieu, ne loupez pas les vestiges moyenâgeux de l'abbaye Saint-Victor ou les ateliers de santonniers, et goûtez aux plaisirs des apéros en terrasse de ce quartier de plus en plus en vue.

❶ LE PALAIS DU PHARO ET SON JARDIN★★

À l'extrémité sud du Vieux-Port, face à la Méditerranée, admirez le palais du Pharo. Construit pour Napoléon III, qui jamais ne l'habita, il fut finalement cédé à la Ville en 1883 par l'impératrice Eugénie. C'est aujourd'hui un grand centre de congrès. Le jardin, ouvert au public, est idéal et ménage une vue imprenable sur le Vieux-Port.
58, bd Charles-Livon, 7e arr.
• ☎ 04 91 14 64 95
• http://palaisdupharo.marseille.fr
• **Palais :** visite lors des Journées du patrimoine • **Jardin :** t.l.j. 8h-21h
• Accès libre.

❷ LE FORT SAINT-NICOLAS★

C'est le faux-jumeau, côté rive sud, du fort Saint-Jean. Construit sous Louis XIV entre le port, l'abbaye Saint-Victor et le Pharo, le fort Saint-Nicolas est aujourd'hui propriété de l'armée. On peut tout de même accéder à son esplanade

Palais du Pharo

Abbaye Saint-Victor

par l'escalier près de l'entrée du tunnel du Vieux-Port.

Gardien de l'autorité royale

Peu urbanisée au XVIIe s. à l'exception de l'abbaye Saint-Victor, la rive sud est choisie en 1660 pour l'édification d'un fort. À l'embouchure du port, le chevalier de Clerville construit le haut puis le bas fort sur un éperon calcaire. Après le percement du boulevard Charles-Livon pour la construction du palais du Pharo en 1862, les deux parties sont définitivement séparées. L'esplanade qui mène au haut fort (propriété de l'armée) est un monument aux morts.

Ne se visite pas.

❸ L'ABBAYE SAINT-VICTOR***

Ce splendide édifice qui surplombe le Vieux-Port fut construit sur un mémorial du Ve s. où serait enterré saint Victor, martyr chrétien du IIIe s. Tous les ans, la fête de la Chandeleur honore Notre-Dame-de-la-Confession, sa Vierge noire en bois polychrome du XIIIe s. (encadré ci-contre).

Quinze siècles d'histoire

L'abbaye est le plus ancien témoignage de la vie monastique à Marseille, initiée au Ve s. par le moine Jean Cassien. Si une chapelle est construite à cette époque, c'est à partir du XIe s., sous l'impulsion des Bénédictins de saint Isarn, que l'abbaye prend de l'ampleur avec la construction de l'église supérieure sur la chapelle. Riche et puissante, Saint-Victor rayonne sur la chrétienté durant le Moyen Âge : l'un de ses abbés, Guillaume de Grimoard, devient pape (Urbain V) en 1362. Mais à la fin du XVe s., l'abbaye est cédée au pouvoir royal et décline jusqu'à perdre son siège épiscopal au XVIIIe s. À la Révolution, l'église devient un dépôt de fourrage, et sa crypte une prison. En 1804, elle est rendue au culte, puis élevée au rang de basilique par le pape Pie XI un siècle plus tard.

La Crypte

L'abbaye Saint-Victor a subi plusieurs modifications au cours des siècles : tour Saint-Isarn au XIe s., grande nef à voûte romane dans l'église principale au XIIIe s. et tour de défense et fortifications édifiées sous Urbain V au XIVe s. S'il ne reste rien du couvent, la crypte a en revanche conservé des vestiges paléochrétiens : plusieurs sarcophages, une chapelle et son martyrium délimité par des colonnettes, les restes d'une mosaïque... La **chapelle Sainte-Madeleine** abrite quant à elle une sculpture préromane et un bas-relief représentant la sainte aux pieds du Christ, attribué à Pierre Puget (XVIIe s.).

Les Amis de Saint-Victor

Cette association créée en 1965 organise chaque année un festival de musique classique et religieuse (sept.-déc.). Les concerts donnés par des orchestres et des solistes de renom ont notamment permis de restaurer le maître-autel et les grandes orgues de Saint-Victor.

3, rue de l'Abbaye, 7e arr.
• ☎ 04 96 11 22 60 • www.saintvictor.net

T.l.j. 9h-19h • Abbaye : accès libre
• Crypte : 2 €.

❹ LE MUSÉE DU SANTON CARBONEL*

La collection privée Marcel Carbonel retrace l'histoire du santon de Provence, de la Révolution française à nos jours. Quant aux ateliers Carbonel, malgré la disparition de leur fondateur, ils continuent à inventer chaque année un nouveau personnage qui rejoint les 180 santons naïfs de la crèche Carbonel. Les figurines se répartissent en familles : petits métiers, sujets bibliques et provençaux, animaux, décors de crèches et d'étables.

47 et 49, rue Neuve-Sainte-Catherine, 7e arr. • ☎ 04 91 54 26 58 (atelier) ou ☎ 04 91 13 61 36 (boutique, musée) • www.santonsmarcelcarbonel.com • **Atelier :** lun.-jeu. 8h-13h et 14h-17h • **Boutique et musée :** janv.-nov. : mar.-sam. 10h-12h30 et 14h-18h30 ; déc. : t.l.j. 10h-12h30 et 14h30-18h30 • Visites gratuites de l'atelier mar. et jeu. à 14h30.

La fête de la Chandeleur

Les Marseillais catholiques sont très fidèles à la Chandeleur, fête de la lumière célébrée depuis plus de 1 000 ans à Saint-Victor. Les festivités commencent tôt le matin du 2 février par une procession qui part du quai des Belges pour se rendre sur la place Saint-Victor. Après la présentation de la Vierge noire et la bénédiction du feu (les cierges) et de la ville, une messe de l'aube est donnée à 6h15. L'évêque bénit ensuite le vieux four situé dans la boulangerie Le Four des Navettes (p. 179).

❺ LE JARDIN DE LA COLLINE PUGET***

Si ce jardin public est pentu, c'est qu'il suit le dénivelé de la colline qui surplombe les remparts sud de la ville. Depuis ses bancs ombragés, la vue sur la cathédrale de la Major et la Côte Bleue est exceptionnelle. En quittant le jardin par la rue Vauvenargues, on rejoint Notre-Dame-de-la-Garde.

Entrées : rue Abbé-Dassy, rue du Commandant-de-Surian, 6e arr. • ☎ 04 91 31 74 77 • T.l.j. 8h-20h (18h hiv.).

X

❻ NOTRE-DAME-DE-LA-GARDE***

Le monument le plus célèbre de Marseille est aussi le plus élevé (154 m). Chaque année, plus de 2 millions de visiteurs partent à l'assaut de la colline de la Garde pour admirer de plus près cette Bonne Mère qui veille sur la ville depuis plus de 150 ans. Monter à pied jusqu'à elle demande un peu d'effort, mais quel panorama !

La Bonne Mère

En 1214, maître Pierre, un ermite marseillais, a l'accord de l'abbaye Saint-Victor pour édifier sur la colline de la Garde une chapelle en l'honneur de la Vierge. En 1524, la chapelle est intégrée au fort commandité par François Ier mais continue d'accueillir des pèlerins de plus en plus nombreux. En 1853, quand l'évêque de Marseille décide la construction d'une église plus grande, l'architecte Espérandieu s'appuie sur ces fortifications pour bâtir une grande basilique de style romano-byzantin. La statue de la Vierge, recouverte de feuille d'or, domine au sommet de son campanile de 23 m.

L'église basse et l'église haute

Du bas de l'édifice, une succession d'escaliers mène à l'église basse, une crypte voûtée éclairée par un clair-obscur propice à la prière. Au fond de l'abside, la Vierge au bouquet, statue de la Vierge et l'Enfant, est un souvenir de l'ancienne chapelle. Au-dessus se trouve le sanctuaire dédié à la Vierge. S'ouvrant par deux portes de bronze, il est orné d'une profusion de mosaïques et de marbres polychromes rouges et blancs. Sur les murs s'accrochent de nombreux ex-voto touchants.

Le musée d'Art sacré

Après une campagne de restauration qui aura duré plus de 8 ans, ce lieu de spiritualité s'est enrichi d'un musée d'Art sacré. Installé dans les voûtes, il retrace l'histoire de la Bonne Mère, ex-vigie devenue chapelle puis basilique, et expose de nombreux trésors religieux : ex-voto, chasubles, etc. Moins spirituel, mais utile, il y a sur place un restaurant-cafétéria, L'Eau-Vive, tenu par les Travailleuses Missionnaires de l'Immaculée ! Même les Marseillais ignorent parfois son existence...

Notre-Dame-de-la-Garde

Rue Fort-du-Sanctuaire, 6e arr. • Accès par petit train ou bus n° 60 depuis le Vieux-Port • ☎ 04 91 13 40 80 • www.notredamedelagarde.com • **Basilique :** avr.-sept. : t.l.j. 7h-20h ; oct.-mars : t.l.j. 7h-19h ; dernière entrée 45 min avant fermeture • Accès libre. • **Musée :** mar. et dim. 10h-13h et 14h-17h30, mer.-sam. 10h-17h30 • Entrée : 6 €.

7 LE THÉÂTRE NATIONAL DE LA CRIÉE**

La façade de l'ancienne criée, construite au début du XXe s., abrite depuis 1981 le théâtre national de Marseille la Criée. Le temple du théâtre actuel, labellisé Centre dramatique et dirigé par Macha Makeïeff, propose des créations artistiques tous azimuts (opéra, photographie, danse, musique, littérature, concerts), sans oublier sa vocation première tournée vers les auteurs contemporains et les grandes pièces du répertoire classique.

30, quai de Rive-Neuve, 7e arr. • M° Vieux-Port • ☎ 04 91 54 70 54 • www.theatre-lacriee.com • Billet : 12-34 €.

8 Pour une pause *arty* : Le Bistrographe

Moitié salon de thé, moitié galerie d'art et studio photo, Le Bistrographe est un lieu de vie à l'ambiance jazzy et feutrée. Après avoir traversé une grande salle d'exposition, on grimpe quelques marches pour déboucher dans un salon bistrot avec poutres, piano et canapé en cuir. Au menu ? Rien que du fait maison, entre tarte à la brousse (9 €), velouté de potimarron, cake au citron, cookies et thé à gogo (4 €).

78, bd de la Corderie, 7e arr. • ☎ 04 91 12 49 11 • www.lebistrographe.com • Lun.-ven. 9h-19h.

9 Le long de LA CORNICHE KENNEDY

Restos & bistrots p. 127 | Bars & clubs p. 149

La ville est encore toute proche, mais il règne ici comme un avant-goût de vacances balnéaires. Entre les petits ports, les criques entourées de rochers, la piscine naturelle du vallon des Auffes, le sentier côtier et les plages de sable fin, la Corniche réserve bien des surprises à qui prend le temps de la longer à pied. Derrière elle, les villas cossues du XIXe s. impressionnent par leur gigantisme. Devant elle, du bleu, rien que du bleu !

❶ LA PLAGE DES CATALANS**

Située à seulement 15 min à pied du Vieux-Port, c'est la plage la plus proche du centre-ville, petite, populaire et très fréquentée. Mieux vaut donc s'y rendre tôt le matin ou à l'heure du coucher de soleil pour profiter de son panorama sur les îles du Frioul. À proximité : douches, sanitaires, restauration rapide et terrains de beach-volley où se déroulent régulièrement des championnats. Des dalles et des pontons ont aussi été aménagés.

Accès rue des Catalans, 7e arr.

Le Cercle des Nageurs de Marseille

Cercle privé créé en 1921, le CNM a vu passer de nombreux champions de natation : Alex Jany et Joseph Bernardo autrefois ; Laure Manaudou, Frédérick Bousquet et Camille Lacourt aujourd'hui. Ses équipements font rêver (bassin olympique couvert de 50 m, bassin extérieur d'eau de mer, petite plage, etc.), mais son système de parrainage et ses tarifs annuels d'adhésion (1 460 € minimum) font que le CNM reste réservé à une élite.

Extrémité bd Charles-Livon, 7e arr. • ☎ 04 96 11 55 55 • www.cnmarseille.com • Ouv. uniquement aux membres.

❷ LA CORNICHE KENNEDY***

Ouverte au milieu du XIXe s., la route de la Corniche s'étire sur 5 km, la ville d'un côté, la mer de l'autre. Elle dispose même d'un banc de béton qui serpente sur 3 km à partir du pont de la Fausse-Monnaie, dont certaines parties ont été recouvertes de mosaïques. En chemin, on croise le **Monument aux morts**

Corniche Kennedy, anse de Malmousque

de l'Armée d'Orient érigé par Castel en 1927 (à la hauteur du vallon des Auffes), puis ***l'Hélice*** de César, réalisée en 1971 en hommage aux rapatriés d'Afrique du Nord. À faire pour le panorama !

❸ LE VALLON DES AUFFES★★★

Il faut emprunter des escaliers pour accéder à ce petit port de pêcheurs planqué sous la Corniche. Rien ne manque à ce décor de carte postale : eau turquoise, cabanons colorés, jasmin et laurier-rose partout, pointus au mouillage, ruelles escarpées et chats qui se prélassent ! Les gastronomes connaissent l'adresse : c'est ici que se trouve **L'Épuisette,** la table 1-étoile de Guillaume Sourrieu (p. 128).

Accès au niveau de la rue du Vallon-des-Auffes, 7e arr.

❹ Pour une pause pizza : L'Eau à la bouche

Ancien élève de Ducasse, Rodolphe est un pizzaiolo reconverti qui passe pour un vrai bougon ! Mais la saveur de ses pizzas fait l'unanimité. Essayez l'Angelina : un mélange de mesclun, d'oignons doux, de jambon cru et de copeaux de parmesan. Et c'est encore meilleur à déguster sur les rochers en bord de mer.

120, corniche du Président-J.-F.-Kennedy, 7e arr.
- **☎ 04 91 52 16 16**
- **www.pizzerialeaualabouche.fr**
- **Mer.-dim. 12h-15h et 18h-23h**
- **Pizza : de 14,90 à 19 €.**

❺ MALMOUSQUE VIA LE « SENTIER CÔTIER » MARSEILLAIS★★★

On commence cette charmante promenade en bord de mer en longeant les bains militaires à côté de l'**anse de Malmousque,** une crique où mouillent encore quelques pointus. Plus loin, on peut admirer la **station marine d'Endoume** et l'**îlot Degaby** qui lui fait face. En chemin, on s'arrête sur la miniplage bordée de rochers de l'**anse de Maldormé,** avant de croiser des cabines de bain du XIXe s. ainsi que l'hôtel et les cuisines du **Petit Nice Passédat** (p. 129). On termine dans la petite **anse de la Fausse Monnaie,** flanquée de cabanons.

Corniche du Président-J.-F.-Kennedy, rue Malmousque, 7e arr. • Bus n° 83 (arrêt Endoume).

❻ LA VILLA ET LE JARDIN VALMER★★

La villa « Vague à la mer », son nom d'origine, passe pour être la plus jolie des « folies » construites en bord de mer à Marseille au XIXe s. Œuvre du Marseillais Condamin (1865), elle est entourée d'un parc planté d'oliviers, de pins d'Alep, de pistachiers, de lentisques et d'arbousiers. Seul le jardin se visite : la vue plongeante qu'il offre sur la rade de Marseille vaut à elle seule le détour.

271, corniche du Président-J.-F.-Kennedy, 7e arr. • Villa : ne se visite pas • Jardin : nov.-mi-fév. : 8h-17h30 ; mi-fév.-fin fév. : 8h-18h30 ; mars-avr. et sept.-mi-oct. : 8h-19h ; mai-août : 8h-20h ; mi-oct.-fin oct. : 8h-18h • Accès libre.

❼ LE CENTRE DE THALASSOTHÉRAPIE DU CHÂTEAU BERGER*

Construit en 1860 dans le style Renaissance de Chambord, le château Berger s'est reconverti en un centre de bien-être. Au programme : un parcours marin avec lit bouillonnant et sièges à microbulles, piscines d'eau de mer et hammam (parcours marin de 45 min : 51 €). D'autres soins et massages sont aussi proposés à la carte : shiatsu, modelages, enveloppements, etc.

Château Berger • 281, corniche du Président-J.-F.-Kennedy, 7e arr. • ☎ 04 91 52 61 61 • www.chateauberger.com

❽ LE QUARTIER DU ROUCAS-BLANC*

Situé sur un rocher blanc qui lui donne son nom, c'est l'un des quartiers les plus chics de la ville. Entre ses villas bourgeoises constituées des anciennes « maisons d'été » des riches familles industrielles marseillaises, ses escaliers escarpés, ses ruelles

Villa Valmer

sinueuses et ses vues plongeantes sur la Méditerranée, il mérite qu'on s'y attarde un peu. En 2024, la base nautique du quartier accueillera les compétitions de voile pour les Jeux olympiques d'été.

❾ LA PLAGE DU PROPHÈTE**

C'est la plage idéale pour les familles qui ont de jeunes enfants : la pente d'accès à la mer est très douce et les bords sont peu profonds. Elle est équipée d'une buvette, d'un terrain de volley, de douches et de jeux pour les enfants. De la plage, la vue embrasse une partie du littoral marseillais. L'été, quand la nuit tombe, beaucoup de soirées s'y improvisent.

Accès au niveau du 333, av. du Président-J.-F.-Kennedy, 7e arr.

Bastides et cabanons

Ils sont les deux visages de Marseille quand la ville farniente ou que les températures frôlent les 30 °C. Pour profiter de la nature grandiose qui s'offre à eux et chercher un peu de fraîcheur, les Marseillais ont construit, au fil des siècles, des maisons de villégiature. Les riches négociants du XIXe siècle ont érigé des bastides grandioses sur les collines provençales. Les ouvriers du dimanche ont riposté avec des petits cabanons construits à la va-vite en bord de mer !

DE LA PROPRIÉTÉ AGRICOLE À LA VILLÉGIATURE

La bastide (du provençal *bastir*, qui signifie « bâtir ») est déjà présente à Marseille au XIVe s. Mais elle n'a pas encore sa connotation de villégiature : elle désigne le plus souvent une propriété agricole entourée de vignes et de champ située aux abords de la ville. Au XVIIe s., on en compte 12 000 – de la simple ferme à la propriété de maître avec dépendances, hangars et écuries. Avec l'urbanisation décidée par Louis XIV, beaucoup d'exploitations disparaissent ou se transforment en maisons de vacances rachetées par les Marseillais les plus aisés. La **peste de 1720** (p. 30) va accélérer ce phénomène : les familles fortunées fuient l'épidémie qui sévit en ville. Elles se font construire de belles maisons à l'extérieur de la ville et sur les hauteurs de Marseille. C'est ce que l'on appelle aussi les « folies », qui bordent aujourd'hui encore une partie de la **Corniche** (p. 73).

Le culte du jardin

L'aménagement du parc est très important dans une bastide. Aux XVIIIe et XIXe s., il est de bon ton de planter des essences rares et d'ouvrir la perspective de la bastide avec un jardin à la française mêlant buis, roses, bassins et fontaines. La bastide de la Magalone (XVIIe s.), et son jardin ouvert au public, est l'un des plus beaux exemples. Les jardins, remaniés au fil des siècles, sont pleins de charme : palmiers, fontaines baroques à l'italienne, bassins, jardins à la française et statues dévoilent tout le raffinement d'un jardin de bastide.

245, bd Michelet, 9e arr. (HP par D5) • Mai-août : t.l.j. 8h-19h45 ; mars-avr. et sept.-oct. : t.l.j. 8h-18h45 ; nov.-fév. : t.l.j. 8h-17h15 • Accès libre.

LA BASTIDE : SIGNE EXTÉRIEUR DE RICHESSE

Tout au long du XIXe s., posséder une bastide devient un signe d'ascension sociale. On assiste alors à une véritable surenchère architecturale, comme en témoignent les vrais « châteaux » construits en surplomb de la Corniche : **villa Valmer, château Berger** (p. 75), **villa Gaby Deslys.** Dès le samedi soir, les propriétaires, principalement des négociants et des armateurs, viennent y prendre le frais et profiter d'une vie plus calme. D'autant plus que l'arrivée des eaux de la Durance à Marseille permet une transformation paysagère des bastides : on crée des **jardins à l'anglaise,** des **cascades** et des **bassins.** Un siècle plus tard, l'urbanisation de Marseille et la pression des promoteurs incitent les propriétaires à vendre des parcelles de leur parc. Beaucoup de bastides sont alors détruites et cèdent la place à des immeubles, des stations-service et des parkings. Quelques-unes, cachées sur les collines de Saint-Barnabé (12e arr.), sont encore à découvrir au fil d'une promenade.

Bastide de la Magalone

UNE ARCHITECTURE ORIGINALE

L'architecture des bastides ne répond à aucune règle stricte, mais jusqu'à la fin du XVIIIe s., on observe de nombreuses similitudes entre bastides. On y accède souvent par une grille en fer forgé ouvrant sur une large allée plantée d'arbres qui mène à la maison principale. Construite en pierre de taille, sa façade symétrique est propre à un certain classicisme. Les intérieurs sont richement décorés à grand renfort de boiseries et de peintures en trompe-l'œil, comme on peut encore l'observer au **château Borély** (p. 80).

L'ESSOR DES CABANONS

Au XIXe s., avec l'urbanisation et le travail pénible dans les savonneries et huileries, les ouvriers réclament aussi les joies de la villégiature et de la vie au grand air. Ils achètent alors de simples **abris de pêcheurs** éparpillés le long de la côte, de Malmousque aux calanques. S'il n'y a pas de cabane, ils en construisent une avec des matériaux de fortune. Le confort est rudimentaire : un lit, une table et un réchaud suffisent au bonheur. Car le plus important se trouve à l'extérieur du cabanon : une minuscule terrasse jetée face à la mer, des voisins tout proches pour trinquer autour d'un pastis, jouer à la pétanque ou griller des sardines. Encore très **populaires** tout au long des années 1960 et 1970, ces cabanons sont devenus **plus rares.** Ceux qui ont été rénovés ont même pris une valeur immobilière inestimable !

10 Les plages ET LES QUARTIERS SUD

Restos & bistrots p. 129 | Bars & clubs p. 149

Foot, culture, musée, architecture, plage, nature et loisirs à profusion : voilà le programme chargé de ce vaste quartier, qui a vu naître les premiers projets « fous » de Marseille. C'est ici que Le Corbusier a construit la Cité radieuse, son chef-d'œuvre absolu. C'est également ici que la mairie a décidé de repousser les limites de la ville pour grignoter de l'espace sur la mer en créant, dès 1975, le parc balnéaire du Prado.

❶ LES PLAGES DU PRADO*

Le long de la promenade Pompidou s'étend le parc balnéaire du Prado, une zone de loisirs gazonnée avec trois plages artificielles (sable, galets et graviers) gagnées sur la mer grâce aux remblais du métro. Plus loin, la baignade se poursuit sur les plages de l'Escale Borély, de Bonneveine et de Vieille-Chapelle. Celle-ci se repère par les *Sept Portes de Jérusalem*, une sculpture de David Soussana érigée en 1985 au sommet d'une petite butte qui mène à la plage.

Promenade Georges-Pompidou

❷ L'AVENUE DU PRADO*

Depuis les plages, l'entrée de l'avenue du Prado est symbolisée par une réplique du *David* de Michel-Ange. Curieusement en équerre, l'avenue du Prado se partage en deux : beaux immeubles et hôtels particuliers des plages jusqu'au rond-point du Prado ; immeubles plus récents ensuite jusqu'à la place Castellane.

❸ LE LONG DE L'HUVEAUNE**

Pour s'approcher à pied de la Cité radieuse ou du stade Vélodrome, vous pouvez emprunter l'agréable sentier aménagé le long de la rivière Huveaune. Il commence juste avant l'entrée du parc Borély (à g.) et rejoint l'avenue de Mazargues. En chemin, entre deux parterres de clématites, on découvre notamment l'architecture épurée du **Ballet national de Marseille**, imaginée par Roland Simounet. La promenade est ombragée à partir du jardin du Fabre.

Accès av. du Parc-Borély (devant l'entrée du parc).

❹ LE PARC ET LE MUSÉE BORÉLY***

Marcel Pagnol parlait déjà de lui dans *La Gloire de mon père*. Aujourd'hui, le parc Borély, avec son jardin botanique, sa roseraie, son plan d'eau et ses manèges, est toujours le lieu de promenade dominicale préféré des Marseillais. Surtout depuis que sa bastide s'est mise sur son 31 pour accueillir le nouveau musée des Arts décoratifs, de la Faïence et de la Mode.

Parc Borély

Le château

Négociants prospères, les Borély se font construire un château dans l'esprit des bastides marseillaises. Achevé en 1778, il est considéré dès l'époque comme la plus belle des bastides de la région. La décoration intérieure fastueuse, avec ses boiseries et ses trompe-l'œil, est signée de Louis Chaix. En 1860, la propriété est léguée à la Ville de Marseille, qui en fait un parc public. Restaurée en 2013, elle accueille le **musée des Arts décoratifs, de la Faïence et de la Mode.** Ses collections, riches de 2 500 œuvres, sont présentées dans un décor moderne. À ne pas manquer : la Galerie des céramiques dans un écrin orange très *seventies* et le Cabinet de bains, très « cocotte ».

Le parc

Le week-end, tous les Marseillais viennent se balader ici, entre saules pleureurs, lac, petits ponts et oies en liberté ! Le parc comprend des **jardins à la française** dessinés au cordeau et ornés de jets d'eau, un **jardin paysager à l'anglaise,** plus touffu et vivant, et une **roseraie** de plus de 1 200 variétés qui embaument tout l'été. Le long de l'avenue Clot-Bey, jetez un œil à la cascade en rocaille du XIXᵉ s. : elle abrite la sculpture *La Fontaine aux oiseaux* de Jean-Michel Folon.

Le jardin botanique

C'est en 1914 que le jardin botanique de Marseille s'enracine définitivement le long de l'avenue Clot-Bey. À l'entrée, à gauche, une serre en fer forgé du XIXᵉ s. regroupe des végétaux tropicaux. À côté, le **Jardin chinois** alterne temples, bassins de carpes et flore asiatique. En face, un carré de plantes succulentes (agaves) et de plantes grimpantes précède le **Jardin japonais** et le **Jardin méditerranéen.** La visite

❺ Pour une pause bucolique : Café Borély

Impossible de ne pas craquer pour le cadre bucolique de la cour en terre battue, où trône un figuier, ou pour la déco archi-design et scandinave du café niché dans le pavillon est du château Borély. En cuisine, c'est Ariel Lorin qui régale. Cet autodidacte des casseroles, vrai amoureux des bons produits (biologiques ou paysans), cuisine tous les jours des assiettes qui déclinent soupes, bagels, légumes rôtis, œufs cocotte ou blanquette de veau. Ses brunchs du dimanche sont parmi les plus courus en ville !

134, av. Clot-Bey, 8ᵉ arr. • ☎ 04 91 22 46 87 • www.cafeborely.fr • Mar.-dim. 10h-18h • Plat du jour : 17 €.

se termine avec les plantes médicinales, où l'on apprend que le petit houx est recommandé en cas de jaunisse et que le jujubier est un bon sédatif...
134, av. Clot-Bey, 8e arr. • **Musée :** ☎ 04 91 55 33 60 • http://musee-borely.marseille.fr • Mar.-dim. 10h-18h (19h de mi-mai à mi-sept.), ouv. le lun. de Pâques et de Pentecôte, f. 1er janv., 1er mai, 1er et 11 nov. et 25-26 déc. • Entrée : 6 € (gratuit 1er dim. du mois) • **Parc :** t.l.j. 6h-21h • Accès libre.

❻ LA PLAGE DE POINTE-ROUGE*

Cette grande plage de sable, populaire et aux fonds peu profonds, s'étend sur 200 m, avec, dans la continuité, le port de plaisance qui accueille près de 1 000 bateaux en escale. Sur la plage subsistent quelques cabanons avec une vue imprenable sur la mer. En été, il est agréable de siroter son pastis à l'une des terrasses de bars ou de restaurants installés directement sur la plage. Petit avantage pour les amateurs de voile mais gros inconvénient pour les baigneurs : située plein nord, la plage prend facilement le vent, surtout quand le mistral se lève.
Av. Montredon, 8e arr.

Plage de la Pointe-Rouge

❼ LE MUSÉE D'ART CONTEMPORAIN (MAC)*

Toutes les formes de l'art contemporain s'exposent dans ce musée aux murs orangés. Il a été créé en 1988 pour désengorger le musée Cantini. Les collections, échelonnées de 1960 à nos jours, donnent surtout lieu à des expositions temporaires. Profitez de votre visite pour jeter un œil à l'immense ***Pouce de César*** en bronze sur le rond-point Pierre-Guerre.
69, bd d'Haïfa, 8e arr. • 04 91 25 01 07 • http://mac.marseille.fr • Mar.-dim. 10h-18h • Entrée : 5 €.

❽ LA CITÉ RADIEUSE ET LE MAMO***

En 1945, Le Corbusier se voit confier la réalisation d'une unité d'habitations à Marseille. Achevée en 1952, cette Cité radieuse conçue pour accueillir 1 600 habitants n'en regroupe aujourd'hui qu'un petit millier, vivant sous le régime de la copropriété. Depuis 2013, le vieux gymnase du toit-terrasse abrite un centre d'art contemporain.

Un concept innovant

L'architecte veut construire une cité-jardin verticale composée de logements individuels intégrés dans une structure collective. L'espace, la verdure, le silence et le soleil y auraient une place de choix grâce à la maîtrise du son, de la lumière et de l'aménagement intérieur. Pour calculer ses dimensions, Le Corbusier utilise le Modulor, une unité de mesure de son invention qui prend le corps humain pour étalon.

Un immeuble sur pilotis

Le Corbusier choisit le béton brut : après la guerre, les matériaux sont rares et le béton bon marché. La structure est montée sur pilotis pour permettre une meilleure circulation sous le bâtiment et alléger son imposant volume : 56 m de haut, 137 m de long et 24 m de large. Elle comprend 337 logements répartis sur 18 niveaux coiffés d'un toit-terrasse. Sur place : une école maternelle, une cour de récréation, une bibliothèque, une galerie commerciale, un gymnase... Aujourd'hui, beaucoup de ces équipements n'existent plus. À la place du gymnase, on trouve le **Marseille Modulor,** appelé **MAMO.** Ce centre d'art contemporain, imaginé par le designer Ora-ïto, accueille des expositions temporaires d'œuvres in situ, qui rendent hommage aux lieux.

Les appartements

Les appartements sont construits en général sur deux niveaux, orientés est-ouest avec une loggia colorée donnant sur la verdure et des chambres en mezzanine. Les 23 types de logements vont du studio au grand appartement et intègrent une cuisine équipée ouverte sur le salon, isolation phonique et double vitrage. Une rue intérieure dessert les logements aux portes de couleurs vives.

Immeuble Le Corbusier
• 280, bd Michelet, 8e arr.
• Visite libre gratuite : t.l.j. 9h-18h ; visite guidée avec l'office de tourisme, sur résa : 10 €
• **MAMO :** ☎ 01 42 46 00 09
• www.mamo.fr • Mer.-dim. 11h-18h
• Entrée : 5 €.

❾ LE STADE VÉLODROME★★★

Bâti pour la Coupe du monde de football de 1938, c'est le deuxième plus grand stade français après le Stade de France. Entièrement rénové pour accueillir l'Euro 2016, il peut accueillir 67 000 spectateurs dans ses tribunes désormais recouvertes d'un grand toit blanc et translucide. La Ville et l'OM prévoient d'ouvrir bientôt un musée consacré à l'équipe de l'OM.

Le stade

Conçu par l'architecte Henri Ploquin, le stade s'installe sur des terrains militaires du sud de la ville et est

La Cité radieuse de Le Corbusier (1952)

inauguré le 13 juin 1937 après deux ans de travaux. Il abrite 35 000 places. L'éclairage arrive en 1958 et le stade fait l'objet d'un premier agrandissement en 1971. Le vélodrome d'origine en fait les frais et disparaît peu à peu au profit des nouveaux gradins. En 1998, il s'agrandit encore et franchit le palier des 60 000 places. Après de récents travaux, il fait partie des stades classés 5-étoiles par l'UEFA, qui favorisent le confort des joueurs et des spectateurs. À proximité, un pôle d'attractivité s'est construit comprenant centre commercial, bureaux, restaurants et hôtels.

L'Olympique de Marseille

La star du Vélodrome, c'est l'OM ! Créé en 1889, le club gagne le titre de champion du Littoral dès sa première saison. En 1924, il remporte la première victoire de la Coupe de France. Les années Tapie vont marquer son apogée : l'équipe est quatre fois consécutives championne de France entre 1988 et 1992, et vainqueur de la Coupe d'Europe en 1993 pour la première fois dans l'histoire du football français. Mais la même année, l'affaire judicaire OM-Valenciennes lui interdit de participer à la prochaine Coupe d'Europe et la rétrograde en 2e division. La descente aux enfers durera deux saisons jusqu'à son retour en ligue 1 en 1996-1997. En 2010, l'OM bat Bordeaux en finale de la Coupe de la Ligue, que le club remporte aussi en 2011 et 2012. En 2017-2018, l'équipe évolue en ligue 1 pour la 78e fois de son histoire, un record à ce jour ! Les fans pourront acheter écharpes, vêtements, tasses et nounours dans la boutique, près du Vieux-Port (44, la Canebière ☎ 04 91 39 30 30, lun.-sam. 10h-19h, dim. 10h-18h).

3, bd Michelet, 8e arr.
• www.orangevelodrome.com
• Visite guidée : t.l.j. 9h30-19h45 juil.-août. • Entrée : 13 €.

11 Les calanques

Restos & bistrots p. 130

COMMENT Y ALLER ? VOIR CARNET PRATIQUE P. 192.

Devenu Parc national en 2012, le massif des Calanques s'étend sur plus de 20 km entre Marseille et La Ciotat. Entre roches blanches vertigineuses et criques à l'eau turquoise, le décor se révèle grandiose et la nature sauvage. Les randonneurs chevronnés en font le tour en 11h, mais une mini-escapade suffit pour goûter à ce coin de paradis terrestre et maritime.

❶ LE PORT DE LA MADRAGUE-DE-MONTREDON★★

C'est un charmant petit port qui a gardé son authenticité, situé entre la Pointe-Rouge et les calanques. Cet ancien village, qui fait aujourd'hui partie de la ville de Marseille, vécut longtemps de la pêche au thon. On y vient pour profiter du calme et de la vue magnifique sur Marseille,

surtout au coucher du soleil.
On peut également se baigner sur l'une des petites plages et criques situées de part et d'autre du port, ou déguster un poisson grillé dans l'un des restaurants à fleur d'eau.

Av. de la Madrague-de-Montredon, 8e arr.

❷ LA FRICHE DE L'ESCALETTE**

Juste avant d'arriver aux Goudes, un stop à la calanque de l'Escalette s'impose. Depuis 2016, un galeriste a transformé les ruines de l'ancienne usine à plomb des lieux en un parc de sculptures géantes et d'architecture légère. Résultat ? On foule les sols de ces vestiges industriels tout en découvrant des expositions temporaires branchées sur le design des années 1950, 1960 et 1970. La visite (guidée) promet de superbes panoramas sur la mer. Bref, un max de sensations, hélas accessible seulement en été.

Route des Goudes, Impasse de l'Escalette, 8e arr. • www.friche-escalette.com • Gratuit, sur réservation.

Port de La Madrague

Les calanques en bateau

Laissez-vous tenter par une croisière dans les calanques. Vu de la mer, le panorama est impressionnant, et l'on mesure mieux la hauteur des falaises. Le bateau se faufile dans les calanques et s'approche au plus près de ports minuscules plantés de cabanons... Il suffit simplement de faire abstraction de la foule sur le bateau et du bruit du moteur... Un conseil : l'été, plusieurs compagnies proposent une découverte originale des calanques (bateau écolo, tour combiné avec baignade, etc.), renseignez-vous à l'office de tourisme (p. 193).

Depuis le Vieux-Port de Marseille ou le port de Cassis • Voir p. 192.

❸ LE CHEMIN DES GOUDES**

La côte sauvage vous conduit de la Madrague aux Goudes en passant par les **calanques de Saména et de l'Escalette.** Longue et étroite, celle de Saména est une crique blottie dans les rochers où les Marseillais aiment venir nager. L'été, pour rejoindre le village des Goudes, on vous conseille de grimper dans une des navettes maritimes qui partent de Pointe-Rouge : l'arrivée en bateau dans ce petit port a quelque chose de magique !

❺ LA BAIE DES SINGES ET L'ÎLE MAÏRE**

Arrivé au parking des Goudes, deux options s'offrent à vous. À gauche, le chemin de randonnée mène au **blockhaus des Goudes,** vestige de la Seconde Guerre mondiale. De là, vous aurez un panorama parfait sur la mer et sur l'île de Maïre située juste en face. À droite, un chemin escarpé serpente entre les roches et aboutit en 15 min de marche à **Port Croisette,** une plage de sable minuscule. Vous pourrez même vous attabler au restaurant La Baie des Singes (p. 130).

❹ Pour une pause fait maison : Chez Caro It's Goudes

Voici l'adresse OVNI et baba cool du village des Goudes ! Après des années à Los Angeles, la tonitruante Caro est revenue à Marseille en y important un peu de son *way of life*. Entre quelques accessoires de mode et de déco, dans une maison aux allures de cabanon, elle régale les randonneurs avec des paniers de petit déjeuner à emporter (6 €), des paninis et des sandwichs réalisés minute, des glaces artisanales et des gâteaux maison.

16, rue Désiré-Pélaprat, 8e arr. • ☎ 04 13 59 73 47 • T.l.j. 9h-19h (f. janv.-fév.).

Morgiou (p. 88)

❻ LES GOUDES, CALLELONGUE ET MARSEILLEVEYRE★★★

Cet itinéraire est idéal pour avoir un bel aperçu d'une calanque en peu de temps. La route conduit tout d'abord au charmant **port des Goudes,** qui semble taillé dans la roche. Terminus à **Callelongue,** où l'on se croit au bout du monde : une seule rue principale draine ce minuscule port très fréquenté par les Marseillais. Depuis Callelongue, on peut rejoindre la calanque **Marseilleveyre** et sa petite plage avec buvette-restaurant en empruntant le sentier des Douaniers (env. 30 min de marche).

Depuis Marseille, accès par la route jusqu'à Callelongue, bus nos 19 et 20.

❼ SORMIOU★★★

C'est la plus grande des calanques et la seule à avoir une plage surveillée en été. Elle regroupe plus d'une centaine de cabanons habités toute l'année et dissimule un petit port protégé par une digue. Assez facile d'accès, c'est peut-être la calanque la plus familiale de toute. Sur place,

L'île du Planier

Au large de la Pointe-Rouge, le Planier se voit de loin avec son unique et gigantesque phare blanc qui domine l'île de ses 65 m de haut. Le premier phare de l'île fut construit au Moyen Âge, celui-ci date de 1959. Depuis 1992, la gestion des bâtiments est reprise par l'association Mer et soleil qui tente de redonner vie à l'île, jusqu'alors fermée aux visiteurs. Aux abords du Planier, les fonds sous-marins abritent de belles épaves d'avions et d'hydravions.

on peut pêcher, grimper, faire des randonnées pour découvrir le Bec de Sormiou, louer un kayak, jouer à la pétanque ou tout simplement profiter de sa grande plage de sable fin.

Bus depuis le rond-point du Prado : bus n° 23, arrêt La Cayolle.

8 MORGIOU★★★

Voisine de Sormiou, elle est célèbre pour la **grotte sous-marine** découverte en 1992 par Henri Cosquer à 38 m de profondeur (ne se visite pas). Elle offre le même cadre enchanteur que

Les calanques en toute sécurité

Depuis avril 2012, le massif des calanques est devenu un Parc National. C'est le 1er parc périurbain d'Europe et le seul parc National français à la fois terrestre (8 300 ha) et marin (43 500 ha). Un arrêté préfectoral en limite l'accès du 1er juin au 30 septembre : seule la tranche horaire 6h-11h est autorisée. Trois niveaux de danger « feu de forêt » sont émis chaque jour. Pour le connaître, un seul numéro : ☎ 08 11 20 13 13. Avant de partir, assurez-vous d'avoir avec vous sac à dos, chaussures de marche, trousse de premier secours, vêtements de protection (le Mistral est glacial dans les calanques) mais aussi chapeau, crème solaire, lunettes de soleil et eau (1,5 l minimum).

Établissement public du Parc National des Calanques • ☎ 04 20 10 50 00 • www.calanques-parcnational.fr

Sormiou mais à une plus petite échelle : port de pêche, cabanons, eaux turquoise, roches et falaises... Un décor hors du temps.
Bus depuis le rond-point du Prado : bus n° 22, arrêt Les Baumettes.

9 SUGITON★★★

On la reconnaît facilement grâce à son **îlot du Torpilleur,** détaché dans la mer au milieu de sa baie. Dominée par le mont Puget (565 m), elle offre deux plages : une de sable, une de pierres. Pour y accéder, comptez 1h15 de marche (sur des sentes parfois escarpées) depuis le parking de Luminy. À l'est, la crique Les Pierres Tombées a longtemps été un coin réservé aux naturistes.
Bus depuis le rond-point du Prado : bus n° 21, arrêt Luminy.

Port-Miou

10 PORT-MIOU ET PORT-PIN★★

Seule calanque située sur la commune de Cassis, **Port-Miou** est à environ 30 min de marche du centre de la station balnéaire. Plus de 500 voiliers mouillent dans ce bel abri naturel, véritable petit fjord qui s'avance profondément dans les terres. La randonnée est plus difficile pour **Port-Pin** (1h de marche depuis le parking), petite calanque ornée de pins d'Alep et d'une minuscule plage.
Accès depuis Cassis : parking à l'entrée de la ville et navettes gratuites en saison jusqu'au départ des sentiers vers les calanques. Accès depuis Marseille par le col de la Gineste.

11 EN-VAU★★★

On dit que c'est une des plus belles calanques du massif ! Bordée de hautes falaises blanches déchiquetées qui font le régal des grimpeurs, elle a gagné le surnom de « cathédrale » ! Pour y accéder, il va falloir marcher longtemps sur le chemin parfois très étroit du GR 98-51. Ou louer un kayak depuis la calanque de Port-Miou. À l'arrivée : une baie paradisiaque, des eaux turquoise, mais une plage malheureusement très vite prise d'assaut.
Mêmes accès que pour les calanques de Port-Miou et de Port-Pin.

12 L'archipel du Frioul

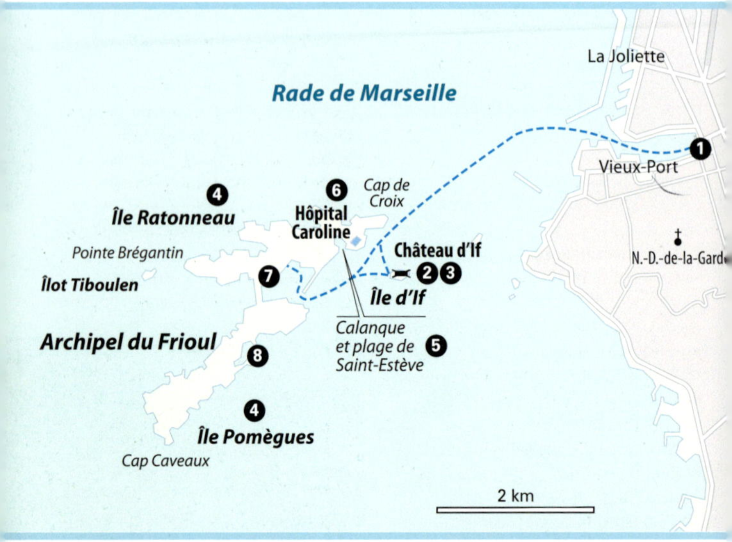

Battues par le vent, sèches et désertiques, les îles du Frioul n'offrent pas une vie facile. Pendant des siècles, leurs forteresses ont assuré la protection du port de Marseille. Celle d'If conserve tout son mystère. L'ambiance est plus paisible sur les îles Pomègues et Ratonneau, qui attirent plaisanciers, plongeurs et randonneurs. Pour cause : eaux turquoise et criques de rêve.

❶ LA TRAVERSÉE VERS LES ÎLES DU FRIOUL★★

L'archipel du Frioul compte quatre îles : If, Ratonneau, Pomègues et Tiboulen. Par beau temps, la traversée en bateau de Marseille jusqu'aux îles est aussi dépaysante qu'une croisière en pleine mer. Pour que ce soit un vrai plaisir, arrivez suffisamment en avance pour trouver une place assise ! Après 20 min de traversée, If est en vue, puis Pomègues et Ratonneau. L'îlot de Tiboulen n'est accessible qu'en bateau privé.

Compagnie Frioul If Express • 1, quai de la Fraternité, 1er arr. • ☎ 04 96 11 03 50 • Horaires sur www.frioul-if-express.com • Traversée plein tarif : 10,80 € A/R Vieux-Port/Île du Frioul ou Vieux-Port/Île d'If, 16,20 € A/R combiné Vieux-Port/Île du Frioul/Île d'If.

❷ LE CHÂTEAU D'IF**

On doit cette forteresse à François Ier, qui voulut doter la rade de Marseille d'un système de défense. Dès la fin du XVIe s., elle devint prison et accueillit de nombreux opposants politiques ou religieux, dont 3 500 protestants. Mais le plus illustre prisonnier d'If fut Edmond Dantès, comte de Monte-Cristo, que la plume et l'imagination d'Alexandre Dumas père firent passer près de 15 ans au fond d'un cachot...

Île d'If, 1er arr. • ☎ 06 03 06 25 26 www.if.monuments-nationaux.fr • Oct.-mars : mar.-dim. 10h-17h ; avr.-sept. : t.l.j. 10h-18h ; f. 1er janv., 1er mai et 25 déc. • Entrée plein tarif : 6 €.

❸ LE SENTIER BALISÉ*

Depuis l'entrée du château, un chemin part à la découverte de la faune et de la flore de l'île en suivant le chemin de ronde de la forteresse. Tout en profitant de très beaux points de vue sur Marseille, on découvre les seuls habitants d'If : goélands, martinets, choucas, fauvettes, lézards... Exposition permanente sur le patrimoine biologique des îles dans l'aile sud du château d'If.

Île d'If, 1er arr.

❹ RATONNEAU ET POMÈGUES***

Ces deux îles du Frioul sont reliées par la digue Berry, longue de 360 m. L'ambiance est balnéaire à Ratonneau avec son port de plaisance très prisé et ses restaurants (brasseries et pizzerias) sur le quai. Dans les années 1970, l'île a commencé la construction d'un petit programme immobilier,

Château d'If

Hôpital Caroline

aujourd'hui en assez mauvais état. Plus sauvage, Pomègues est très recherchée pour ses criques et ses balades pédestres (prévoir un pique-nique).
À 10 min d'If en bateau, 7e arr.

❺ LA CALANQUE ET LA PLAGE DE SAINT-ESTÈVE**

Au Frioul, la clarté de l'eau est légendaire. À 10 min à pied du débarcadère, il est très facile d'en vérifier l'exactitude : propices à la baignade, la crique de Saint-Estève et sa petite plage de sable sont directement accessibles et surveillées une partie de l'été. Ce qui n'est pas le cas des autres criques de l'île, superbes, mais plus isolées.
Île de Ratonneau, 7e arr. • 15 min à pied : suivre le Chemin-de-Saint-Estève, direction Hôpital Caroline.

❻ L'HÔPITAL CAROLINE*

Il ne reste plus grand-chose du lazaret du XIXe s. construit pour les équipages atteints de la fièvre jaune et mis en quarantaine. Les bâtiments, en ruine, sont en cours de réhabilitation grâce à l'association Les Amis de Michel-

Marsa

Le designer Ora-ïto, né à Marseille et déjà à l'origine du MAMO installé sur le toit de la Cité radieuse (p. 81), compte bien donner un nouvel élan au Frioul avec l'ouverture au public d'un projet plus écologique qu'artistique, annoncé pour mai 2018. Propriétaire d'anciens fortins sur l'île de Ratonneau, il a confié à Roland Carta le soin de réhabiliter 1 500 m² de bâtiments militaires pour en faire un lieu pluridisciplinaire dédié à la sauvegarde des mers. Ce sera aussi le Q.G. de la fondation Parley, spécialisée dans la défense des océans. À terme, l'artiste rêve d'y construire un musée dédié à la recherche du monde sous-marin.
Fort Brigantin de Séré de Rivières, 7e arr.

❼ Les brasseries du port de Ratonneau

À peine débarqué sur l'île de Ratonneau, vous ne verrez que ça : une enfilade de brasseries et de petits restaurants prêts à accueillir les randonneurs et les touristes. C'est l'occasion de prendre des forces avant de partir à l'assaut des cailloux : pizzas, poissons, glaces, vous n'aurez que l'embarras du choix. À vous de choisir votre terrasse préférée !

Quai d'Honneur, port du Frioul, 7e arr.

Robert Penchaud, qui œuvre pour la sauvegarde de l'hôpital. Chaque été en juillet, le lieu reprend vie lors d'événements et de festivals.

Île de Ratonneau, 7e arr. • 20 min à pied : suivre le Chemin-de-Saint-Estève, direction hôpital Caroline • www.marseilletourisme.fr • Accès libre.

❽ LA FERME PISCICOLE PROVENCE AQUACULTURE*

En grimpant vers le sémaphore de Pomègues, on devine sous l'eau claire les structures de cette ferme qui élève loups et daurades certifiés bio. La ferme fournit plusieurs restaurants de la région. Pour les goûter, direction **La Grillade** (☎ 04 91 59 07 07) et **La Talante Bourguel** (☎ 04 91 59 01 57) sur le quai d'Honneur de l'île de Ratonneau, ou **Chez Jeannot** (129, vallon des Auffes, ☎ 04 91 52 11 28, www.pizzeriachezjeannot.com).

Île de Pomègues, 7e arr. • ☎ 04 91 59 03 41 • www.provaqua.com

13 L'Estaque

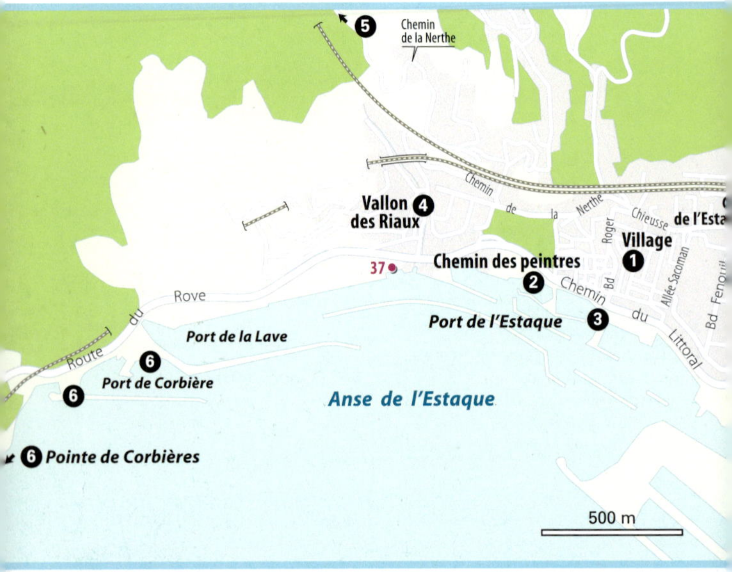

Cézanne et Braque l'ont peinte, Robert Guédiguian l'a filmée. Située tout au nord de Marseille dans le 16e arrondissement, l'Estaque a gardé son âme villageoise. Blotti au pied de la chaîne de la Nerthe, son petit port de pêche s'est développé tout au long du XXe s. grâce aux usines de tuilerie, de cimenterie et aux industries chimiques. Malgré les fermetures d'usines, ses habitants ont gardé le sourire et leurs traditions. À vous les spectacles de joutes et les panisses brûlantes !

❶ LE VILLAGE**

L'Estaque a tout du village provençal avec sa place de l'Église, ses rues qui grimpent et ses maisons colorées aux toits de tuiles. Quelques belles villas de la fin du XIXe s. et du début du XXe s. – **la Palestine** au n° 126 Plage-de-l'Estaque et l'ancien **Hôtel de la Falaise** en haut du village – affichent leurs façades baroques. En descendant vers le port, empruntez la **rue de la Lucrèce** : elle est si étroite que deux hommes ne peuvent s'y croiser.

Maison de l'Estaque

❷ LE CHEMIN DES PEINTRES**

Depuis le port, autrefois spécialisé dans la pêche à la sardine, ce circuit retrace les grandes heures des peintres venus à l'Estaque : Cézanne vécut sur la **place Malleterre,** où se trouve l'église, Braque travailla

Vue sur le port et le village de l'Estaque

beaucoup sur le **viaduc des Riaux,** Albert Marquet séjourna à l'**Hôtel de la Falaise.** Grâce à ce parcours fléché, vous ferez le tour complet de l'Estaque avec les yeux de ses peintres les plus illustres.

Circuit balisé.

❹ LE VALLON DES RIAUX*

En suivant la petite rivière Riau depuis le jardin Braque (square peint d'oiseaux bleus inspirés de Braque) situé au bout du village, on se retrouve sur les collines du vallon des Riaux. Cézanne y a peint ce qu'il pensait être (on en est moins sûr aujourd'hui) la maison natale de Pierre Puget. Dans ces collines, on élève encore 300 chèvres du Rove dont le lait sert à la fabrication du fromage de brousse.

Départ : montée Antoine-Castejon.

❺ LA CHAPELLE DE LA NERTHE*

Au-dessus du village, une jolie route boisée parsemée de pierres blanches grimpe sur plusieurs kilomètres : c'est le chemin de la Nerthe. Il offre de beaux points de vue sur le littoral et la rade de Marseille, et il mène à la « Galline » (« poule » en provençal). C'est le surnom de la chapelle du XIe s. dont le symbole est une statue de la Vierge

❸ Les kiosques à panisses et chichis Frégi

On ne peut pas quitter l'Estaque sans avoir goûté ses panisses ! Ces palets à la farine de pois chiche bon frits à l'huile d'olive sont servis à l'apéritif, mais on les grignote dès que le ventre crie famine. En version sucrée, ce sont les chichis Frégi, beignets en forme de boudins, fabriqués avec de la farine de blé et des œufs, puis roulés dans le sucre. Trois kiosques situés le long du front de mer se partagent ces spécialités : Magali, Chez Freddy et Lou Goustado de l'Estaco.

Promenade de la plage de l'Estaque • T.l.j. dès midi • 1,60 € les six panisses ; 2,20 € le chichi sucré.

Plage de Corbières

à l'Enfant tenant curieusement une poule sur les genoux. À l'intérieur, quelques ex-voto remontent au XVIIe s. Pélerinage le 1er dimanche de septembre.
Chemin de la Nerthe.

6 LES PLAGES DE CORBIÈRES**

L'ancienne plage de l'Estaque s'est transformée en port de plaisance. Pour se baigner aujourd'hui, trois plages ont été aménagées sur la route du Rove (N568). Sous la pinède, où chantent les cigales, sable et galets alternent dans un large espace où jouent tranquillement les enfants. À proximité, séparée par de courtes digues, la **base nautique de Corbières** accueille les amateurs de voile (250, plage de l'Estaque ☎ 04 91 46 19 37).
Accès par la plage de l'Estaque ; terminus de la ligne 35.

Les peintres de l'Estaque

Impressionnistes, fauvistes, cubistes : peu de lieux en France peuvent se flatter d'avoir attiré pendant près de 50 ans la fine fleur de la peinture moderne ! Entre 1870 et 1920, Cézanne, Monticelli, Derain, Dufy, Marquet, Friesz, Macke, Renoir, Guigou et Braque séjournent dans ce petit port de pêche pittoresque. Ce qu'ils y trouvent ? Une intensité lumineuse incroyable, des viaducs, des pinèdes et des collines à l'origine de véritables chefs-d'œuvre de la peinture moderne.

CÉZANNE, LE PRÉCURSEUR

L'engouement des peintres pour l'Estaque commence avec Paul Cézanne (1839-1906). En 1870, la guerre éclate et le peintre vient se cacher dans une maison que loue sa mère sur la place de l'église. Pendant son séjour, il peint notamment *Neige fondue à l'Estaque*, une œuvre sombre chargée d'un ciel noir. Cézanne **revient plusieurs fois à l'Estaque** et y passe même l'année 1878. Pendant ses escapades, il grimpe d'une colline à l'autre à la recherche de larges points de vue sur la baie. En compagnie de **Renoir**, il travaille également sur le **vallon des Riaux** (p. 96) et peint *Maisons en Provence* (peut-être la maison natale de Pierre Puget) avec une perspective qui est toujours la même aujourd'hui. Le développement de l'Estaque, marqué par la construction d'usines, fera fuir le peintre en 1886. Son œuvre « estaquienne », composée de 27 tableaux répartis aux quatre coins du monde (sauf à Marseille...), témoigne de son évolution : quittant peu à peu l'impressionnisme, il crée une peinture plus personnelle et flamboyante qui influencera la quasi-totalité des artistes modernes.

Monticelli, le Marseillais de l'Estaque

« Je dois tout à Monticelli qui m'a appris le chromatisme des couleurs. » Ce bel hommage de Van Gogh (1853-1890) à Monticelli montre toute l'importance du peintre marseillais qui ouvrit la voie de la peinture moderne du XXe s. mais ne fut jamais vraiment reconnu. Monticelli (1824-1886) travailla beaucoup sur la société marseillaise et les fêtes galantes. À l'Estaque, où il rendit plusieurs fois visite à son ami Cézanne, il peignit le port et les paysages en gros aplats de brun, orangé, jaune, ocre et noir.

DERAIN, LE CŒUR FAUVE

Très admiratif de l'œuvre de Cézanne, André Derain (1880-

1954) suit logiquement les traces de son illustre prédécesseur et découvre l'Estaque en 1905. Depuis un an déjà, le fauvisme l'attire, et c'est avec le chef de file de cette nouvelle école, Henri Matisse (1869-1954), qu'il part à Collioure, Cassis et Marseille. À l'Estaque, il est séduit par le **port** et le **vallon des Riaux.** Son tableau *L'Estaque* (1906), peint dans une explosion de tons rouges, est une belle référence à Gauguin, que le peintre vient de découvrir à Collioure : son fauvisme prend forme.

Le Golfe de Marseille vu de l'Estaque, Paul Cézanne, 1886

DUFY, COLORISTE DE LA NATURE

Si Raoul Dufy (1877-1953) effectue plusieurs séjours à Marseille, celui de l'été 1908, qu'il partage avec Georges Braque, sera le plus prolifique. Depuis le **vallon des Riaux** où il réside, le peintre réalise une quinzaine de toiles. Son sujet de prédilection, ce sont les **arbres** : *Arbres verts à l'Estaque, Pins à l'Estaque, Paysage de l'Estaque...* traités comme des éléments d'architecture, et dans une palette très forte de verts et d'ocres qui s'inspire encore largement du fauvisme. Il peint également les tuileries et quelques **scènes de vie à l'Estaque** (*Le Café à l'Estaque, L'Apéritif* en 1908). Plusieurs tableaux de Dufy font aujourd'hui partie des collections des musées de Marseille.

BRAQUE, L'ÉPOPÉE CUBISTE

Georges Braque (1882-1963) a peint une trentaine de tableaux à l'Estaque. Il est tout jeune quand il vient la première fois en 1906, encore emprunt du fauvisme et plein d'admiration pour Cézanne, comme en témoigne son *Port de l'Estaque*. Plus modéré dans sa palette de couleurs, son *Viaduc à l'Estaque* (1910) peint un an plus tard marque déjà sa rupture avec le mouvement fauve. Mais c'est après sa rencontre avec Picasso (1881-1973) que Braque fait sa révolution picturale. En 1908, il signe des *Maisons à l'Estaque* qui ont déjà la force de la géométrie cubiste. Ses derniers tableaux réalisés en 1910 autour de l'usine de Rio Tinto et du **viaduc** creuseront plus profondément encore le sillon cubiste. Après Braque, les peintres désertent Marseille, et l'histoire picturale de l'Estaque se termine avec la venue d'**Albert Marquet** (1875-1947), artiste réaliste qui fut le dernier, entre 1918 et 1919, à planter son chevalet sur la terrasse de l'hôtel de la Falaise (aujourd'hui connu sous le nom de château Fallet).

14 Le pays de Pagnol

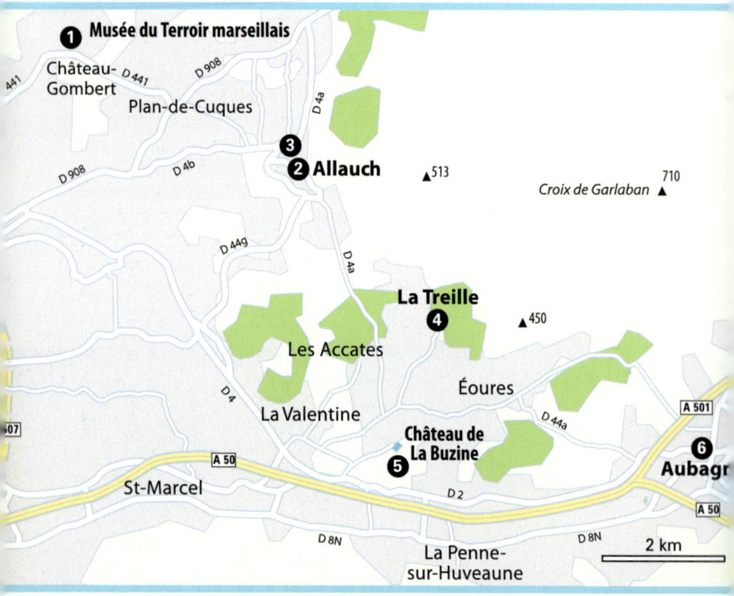

Mieux vaut disposer d'une voiture pour affronter les hauteurs de Marseille, car la découverte en bus prend beaucoup de temps... Mais le jeu en vaut la chandelle ! Sur les traces et les terres de Marcel Pagnol, vous allez plonger dans une Marseille aux traditions villageoises et provençales encore vivaces. En ligne de mire : le massif mythique du Garlaban.

❶ LE MUSÉE DU TERROIR MARSEILLAIS**

À Château-Gombert, village provençal célèbre pour son festival du folklore (p. 16), on a le goût des traditions populaires. Un grand musée leur est consacré : mobilier, costumes, vaisselle, crèches et santons du XVIIIe et du XIXe s., et reconstitutions – la table dressée des treize desserts, la chambre bourgeoise et la salle agraire sont très réussies – forment une ode vivante à la Provence.

5, pl. des Héros, 13e arr., Château-Gombert • ☎ 04 91 68 14 38 • www.espace-pignol.com • Musée accessible uniquement sur r.-v. et dans la mesure du possible • Entrée : 6 €.

❷ ALLAUCH**

De Château-Gombert à La Treille, ne manquez pas Allauch, une petite ville accrochée à flanc de colline qui possède un beau **musée d'art sacré** (pl. Pierre-Bellot ☎ 04 91 10 49 00, mar.-dim. 9h-12h et 14h-18h, accès libre). Sur l'esplanade Frédéric-Mistral, le vent peut souffler très fort. En témoignent les ruines de plusieurs moulins à vent en service jusqu'à la fin du XVIIIe s. Il est agréable de flâner dans le vieux village dominé par la poterne et les vestiges des remparts de l'ancien **castrum** du XIIe s. Grimpez jusqu'à la chapelle au-dessus pour profiter de la vue sur Marseille.

De Château-Gombert : D44.

Vestiges des anciens remparts d'Allauch

❸ Pour une pause tradition : Le Moulin Bleu

On vient de loin pour le suce-miel, ce bâtonnet de miel qu'on frotte entre ses mains pour le réchauffer et qui fait la réputation d'Allauch depuis des siècles. C'est l'une des spécialités du Moulin Bleu, une confiserie tenue par la famille Emery depuis cinq générations. Un salon de thé permet de goûter avant de faire ses achats. Au programme : calissons maison, bonbons au miel, croquants, navettes, chiques, nougats noir et blanc et chocolats (5,50 € les chiques ou les suce-miels). L'été, vous pourrez aussi y déguster des glaces artisanales.

7, cours du 11-Novembre, Allauch
• ☎ 04 91 68 19 06
• www.au-moulin-bleu.com
• Lun. 14h30-19h30, mar.-dim. 8h30-12h30 et 14h30-19h30.

❹ LA TREILLE*

Dans les pas de Marcel Pagnol, enterré ici, partez à l'assaut de ce village sur les contreforts du massif du Garlaban. La place du village et sa fontaine vous rappellent quelque chose ? Elles servirent de décor au *Manon des sources* de Pagnol. Au-dessus du village, au bout du chemin des Bellons, reconnaîtrez-vous la Bastide Neuve, maison de vacances du petit Marcel ? Si elle n'est plus vraiment sur le territoire de La Treille mais sur celui d'Allauch, elle continue pourtant d'y être associée !

De Marseille : A50, sortie 4b, puis D4 direction La Treille • Parking à l'entrée du village.

❺ LE CHÂTEAU DE LA BUZINE***

Bienvenue au *Château de ma mère* ! En 1941, quand Pagnol achète cette bâtisse du XIXe s., il rêve de la transformer en cité du cinéma (p. 152). C'est aujourd'hui chose faite. Installé au cœur du parc des 7 collines, le château de La Buzine abrite désormais la **Maison des cinématographies de la Méditerranée.** Entre histoire et culture, passé et présent, elle propose expositions permanentes et temporaires, salle de cinéma, bibliothèque et vidéothèque. Les enfants adorent ! Possibilité de se restaurer sur place.

56, traverse de la Buzine, 11e arr.
• ☎ 04 91 45 27 60 • www.labuzine.com
• Mar.-dim. 10h-18h, f. janv.
• Entrée plein tarif : 7,70 € (château), 6,90 € (cinéma).

6 AUBAGNE**

C'est la ville de naissance de Marcel Pagnol. Accessible à 10 min de train depuis la gare Saint-Charles, Aubagne recèle plein d'autres trésors qui méritent le crochet : une vieille ville cernée par des remparts du XVIe s., des rues étroites, des places ombragées, un clocher triangulaire, un vieux four à pain du XVIIIe s., une chapelle restaurée

Château de La Buzine

et reconvertie en salle d'exposition, sans oublier la Cité de l'art santonnier de Thérèse Neveu (p. 185).
Office de tourisme : 8, cours Barthélemy, 13400 Aubagne
• ☎ 04 42 03 49 98
• www.tourisme-paysdaubagne.fr

Noël à Allauch

Tout commence fin novembre avec la crèche de Gilbert Orsini et ses 800 santons exposés à la galerie du Vieux-Bassin. Ça se poursuit tout le mois de décembre avec une fête de l'âne, un marché de Noël et des veillées calendales ponctuées de contes et de chants qui renouent avec le fameux « gros souper » et ses 13 desserts. L'apothéose ? C'est la descente des bergers : le soir du 24, une centaine de figurants en costume entourés de moutons redonne vie à la pastorale au son de tambourins, de clochettes et de bêlements. Unique et magique !

Restos & bistrots

PAR QUARTIER

Les coups de cœur DE NOTRE AUTEUR

Bistrot branché, pause sucrée, tapas ou cuisine 100 % locale et maison: notre auteur vous invite à découvrir ses belles rencontres gustatives marseillaises.

SÉPIA

Mon coup de cœur absolu pour impressionner la galerie et régaler les papilles sans risquer le découvert ! Voir p. 125.

GEORGES

Café du matin, déjeuner ou apéro festif, c'est de loin mon bistrot de quartier préféré. Voir p. 117.

EMKI POP

Leurs bâtonnets glacés sont tellement addictifs que je pourrais y passer tous les jours si je ne me retenais pas. Voir p. 122.

Emki Pop

Le Tire-Bouchon

L'ARÔME

Une adresse confidentielle que j'aime faire découvrir. Tout est cuisiné maison et au jour le jour. Voir p. 116.

NOUR D'ÉGYPTE

Voilà certainement le brunch le plus dépaysant de Marseille. Mon conseil: arrivez tôt pour décrocher une table sur le toit. Voir p. 115.

LE TIRE-BOUCHON

Dans la famille des bars à vins, c'est mon chouchou. Déco, conseils, vins et petits plats: tout est parfait ! Voir p. 116.

À SAVOIR

AU MENU

Impossible d'échapper à la **bouillabaisse,** tous les restaurants du Vieux-Port en proposent. Ce plat d'origine populaire a gagné ses lettres de noblesse et se compose aujourd'hui d'au moins cinq poissons nobles (lotte, congre, saint-pierre, rouget grondin, rascasse, vive) ainsi que de langouste ou d'araignée. À Noailles (p. 58), place aux **couscous** et aux **pizzas,** dont la fameuse « moitié-moitié » (moitié anchois/moitié fromage). Dans les brasseries, vous pourrez goûter à des **pieds paquets** longuement mijotés. Enfin, ne quittez pas l'Estaque sans avoir grignoté des **panisses** brûlantes (p. 96). On trouve d'ailleurs en ville plein d'adresses pour manger sur le pouce de la ***street food*** de qualité (p. 110).

EN PRATIQUE

S'il est possible de trouver quelques adresses pour vous servir à tout moment de la journée, mieux vaut penser à **respecter les heures de service** des restaurants (en général 12h-14h et 20h-22h). Encore plus important : la **réservation,** surtout le soir ! On ne vous cache pas non plus que le dimanche, dans certains quartiers, trouver un restaurant ouvert peut s'avérer mission impossible.

LEÇON DE BOUILLABAISSE

L'office de tourisme de Marseille (p. 193) propose de découvrir les secrets de la bouillabaisse en compagnie d'un chef du célèbre restaurant **Miramar.** Rendez-vous quai des Belges pour un résumé de l'histoire de la ville, suivi d'un tour au marché aux poissons. Tout le monde passe ensuite en cuisine pour réaliser le fond de soupe et la rouille. Le cours se termine autour d'une table pour déguster la bouillabaisse préparée sur place (entre 5 et 8 pers.).

12, quai du Port, 1er arr. (Plan I7) • ☎ 04 91 91 41 09 • www.lemiramar.fr • 3e jeu. du mois : 9h30-14h • Entrée plein tarif : 120 €/pers.

SE REPÉRER

Chaque adresse de restaurant est associée à une pastille orange numérotée. Vous retrouverez toutes les adresses positionnées sur le plan détachable.

Restos & bistrots
PAR QUARTIER

Le Vieux-Port et la Canebière (Quartier 1 - p. 22)

TORRÉFACTION NOAILLES
Confiseur ① Plan D3

Un petit creux ? Arrêtez-vous chez Noailles, une boutique à la déco années 1930 dont les rayons regorgent de confiseries, chocolats et biscuits en tout genre. Au comptoir, vous pourrez commander un petit-déjeuner complet le matin (5,40 € café/jus d'orange/viennoiserie), ou vous contenter d'un verre le reste de la journée. Côté gourmandises, essayez donc les Marseillottes, un nougat tendre à l'anis et à la fleur d'oranger enrobé de cacao.

56, la Canebière, 1er arr. • M° Noailles • ☎ 04 91 55 60 66 • www.noailles.com • Lun.-sam. 7h-19h, dim. 10h-18h.

SUR LE POUCE
Couscous ② Plan C3

Le couscous, c'est la spécialité d'Abdou et de son frère, installés en plein Belsunce depuis 1985. Dans une grande salle rouge et jaune, ils servent des assiettes débordantes de semoule, de légumes et de bouillon. Et vous resservent jusqu'à plus faim. L'après-midi, les habitués reviennent pour un thé à la menthe accompagné d'une pâtisserie pleine de miel. L'établissement ne sert pas de vin, mais libre à vous d'amener votre bouteille !

2, rue des Convalescents, 1er arr.
• M° Colbert • ☎ 04 91 56 13 28
• T.l.j. 12h-15h30 et 18h-23h30
• Couscous : à partir de 6 €.

UNE TABLE AU SUD
Provençal, fusion ③ Plan I7

Parti s'occuper des cuisines de l'hôtel Intercontinental, Lionel Lévy a laissé les rennes de ce restaurant au jeune chef Ludovic Turac. Accompagné de sa femme sommelière, l'enfant du pays, connu pour son passage au concours

Torréfaction Noailles

Toinou Coquillages

Top Chef, reprend le flambeau en revisitant les spécialités régionales : son aïoli se présente sous la forme d'une *focaccia* toastée à l'huile d'olive garnie de légumes crus et de rillettes de cabillaud. Volontairement courte, la carte propose aussi crabe XXL, ris de veau ou loup sauvage. Un très bon rapport qualité-prix dans un établissement feutré souvent fréquenté le midi par les costumes-cravates.

2, quai du Port, 2e arr. • M° Vieux-Port • ☎ 04 91 90 63 53 • www.unetableausud.com • Mar.-sam. 12h-14h30 et 19h-21h30, dim. 12h-14h30 • Menu midi (en semaine) : 32 € ; menu dîner : à partir de 48 €.

TOINOU COQUILLAGES

Coquillages ④ Plan C3

À la fin de l'été, c'est toujours la même rengaine : « Tiens, Toinou a rouvert » ! Depuis plus de 50 ans, c'est le roi incontesté du coquillage. On ne change pas une formule qui gagne ? Si ! Toinou a osé la métamorphose en 2013 et se présente maintenant sous la forme d'un comptoir-dégustation. Une sorte de self-service qui déroute les fidèles, mais pas les touristes, tout occupés à choisir entre moules, huîtres, oursins, crevettes, bulots et langoustines.

3, cours Saint-Louis, 1er arr. • M° Vieux-Port • ☎ 04 91 33 14 94 • www.toinou.com • T.l.j. 11h30-22h30, f. août • Plateaux de fruits de mer : à partir de 16,20 €.

LA BOÎTE À SARDINE

Poissons ⑤ Plan D3

Un cabinet de curiosités rempli de filets de pêche et de centaines de boîtes de sardines : voilà pour le décor ! Attablez-vous dans ce restaurant de poisson et laissez-vous guider par les conseils de Fabien. À la carte ? La pêche du jour : loup, baudroie, sole, calamars, plateaux de fruits de mer… et même des anémones. Le tout accompagné de panisses et de légumes de saison.

2, bd de la Libération, 1er arr. • M° Réformés-Canebière • ☎ 04 91 50 95 95 • www.laboiteasardine.com • Mar.-sam. 12h-15h, jeu.-ven. 18h-21h30 • Poisson du jour : 16-30 €.

PÂTISSERIE D'AIX
Pâtisserie ⑥ Plan C3

On dévore d'abord du regard l'impressionnante variété de gâteaux bien alignés qui trônent en vitrine de cette pâtisserie-salon de thé orientale. Cornes de gazelle, *makrout*, beignets, baklavas se dégustent avec le traditionnel thé à la menthe. Pendant le ramadan, le salon de thé est fermé mais la vente de gâteaux au détail continue (f. ven. entre 12h et 14h).

Les Délices • 2, rue d'Aix, 1er arr. • M° Colbert • ☎ 04 91 90 12 50 • Mar.-dim. 6h-20h • Corne de gazelle : 1,50 €.

VOIR AUSSI :

Plauchut | p. 27 | ⑦ Plan D3

Le Panier et la Vieille-Charité (Quartier 2 - p. 32)

LE CAFÉ DES ÉPICES
Bistronomique ⑧ Plan H7

Situé derrière l'hôtel de ville, Le Café des Épices est typiquement l'adresse que l'on aime faire découvrir à ses amis. Une cuisine inventive et parfumée - millefeuille de courgettes croquantes, guacamole et tapenade, émulsion aux citrons confits, consommé à la réglisse -, un service simple et efficace, une déco sympa, un parterre d'oliviers en terrasse. Seul bémol : l'accueil inégal du patron.

4, rue du Lacydon, 2e arr. • M° Vieux-Port • ☎ 04 91 91 22 69 • www.cafedesepices.com • Mar.-ven. 12h-14h et 20h-22h, sam. 12h-14h • Plat : 17-20 € ; menus : à partir de 24 € (entrée, plat, dessert).

L'EFFET CLOCHETTE
Bistrot, poissons ⑨ Plan H7

Sa terrasse ombragée et ses chaises colorées vous happent avant même d'entamer la montée des Accoules. Ici, on vous servira une cuisine fraîche, familiale et sans prétention à base de poissons, de pâtes, de panisses et de grandes salades (environ 16 €). À l'heure de l'apéro, essayez l'assiette de bulots à l'aïoli (7,50 €), une spécialité !

Pl. des Augustines, 2e arr. • M° Vieux-Port • ☎ 06 20 93 00 24 • T.l.j. jusqu'à 17h, f. déc.-fév. • Vin : 5 € les 25 cl.

Le Café des Épices

Le top pour manger SUR LE POUCE

Pour une pause déjeuner rapide entre deux visites, que vous soyez plutôt salade, pizza, burger ou *focaccia,* fiez-vous à ces adresses minutieusement sélectionnées par notre auteur.

CHEZ SAUVEUR

Un pizza moitié-moitié mythique: dès que l'on croque dedans, on comprend pourquoi ! Voir p. 118.

GREEN LOVE

Le spot parfait pour une halte détox à base de jus pressés à froid et de salades végétariennes. Voir p. 118.

MAISON GENEY

Focacce généreuses, brioches chaudes, salades gourmandes, thés et infusions: vous trouverez toujours une bonne raison de vous arrêter ici. Voir p. 34.

CHEZ YASSINE

On y va pour les spécialités tunisiennes, on y retourne pour la bonne humeur des serveurs. Voir p. 117.

MAMMA CUCINA

Tous les habitués ne jurent que par les cannellonis et le fondant au chocolat de Florence ! Voir p. 111.

CHEZ FANNY

Un comptoir au look rétro, ouvert sur la rue, où faire le plein de sandwichs et de burgers pour le pique-nique. Voir p. 111.

Chez Fanny

SARD'IN
Bar à sardines ⑩ Plan I7

L'été, on s'installe dehors en commençant par partager une boîte de sardines millésimées avant d'attaquer les spécialités plus consistantes : *fish burger* à l'encre de seiche (12 €), beignets de fleurs de courgette et couteaux flambés au pastis. Il fait trop froid ? Hop, on file s'installer à l'étage dans une petite salle cosy.

4, rue Bonneterie, 2e arr. • M° Vieux-Port • ☎ 04 91 91 70 77 • Lun. 11h-22h, mar.-dim. 10h-22h • Verre de vin : 4 €.

CHEZ FANNY
Street food ⑪ Plan I7

Difficile de ne pas tomber sous le charme de cette Fanny et de son comptoir de rue, idéal pour un café rapide (1,50 €). Dès 9h, l'équipe s'active pour mijoter le plat du jour, mariner les viandes, rôtir les légumes et frire les panisses pour confectionner salades, burgers et sandwichs. Le tout à déguster debout dans la rue accoudé au kiosque ou à emporter sur le Vieux-Port pour un pique-nique improvisé.

28, rue Bonneterie, 2e arr. • M° Vieux-Port • ☎ 04 91 44 25 85 • Lun.-ven. 9h-17h, sam. 11h-17h • Formule sandwich + dessert + boisson : 8 €.

MAMMA CUCINA
Italien ⑫ Plan H6

La mamma c'est Florence, une comédienne reconvertie qui accueille ses clients comme elle accueillerait sa famille. Dans son échoppe, elle improvise une cuisine généreuse à forte consonance italienne. Les gens du coin ne loupent jamais ses cannellonis, qu'on dit excellents ! Des sandwichs aux salades, en passant par le poulet rôti et le fondant au chocolat, tout est fait maison et minute. Une adresse vegan et veggé *friendly*.

23, rue des Repenties, 2e arr.
• M° Vieux-Port • ☎ 04 91 45 24 59
• Mar.-sam. 12h-18h (dim. en été)
• Salade : dès 11 € ; sandwich : 6,20 €.

VANILLE NOIRE
Glacier ⑬ Plan H7

À mi-chemin entre le Vieux-Port et le Panier, ce kiosque flanqué d'une terrasse propose quotidiennement une vingtaine de parfums de glaces, sorbets et yaourts glacés. Parmi eux, l'étonnante vanille noire, au look charbonneux et au goût légèrement iodé. Et sinon ? Basilic, gingembre confit, poire, yaourt, cassate, chocolat, noisette grillée, calisson, citron de Sicile : les parfums se suivent au fil de la saison et des arrivages.

3, rue de la Caisserie, 2e arr. • M° Vieux-Port • ☎ 07 77 33 68 19 • www.vanillenoire.com • T.l.j. 12h30-19h (20h l'été) • Boule de glace : 3 €.

MY GARDEN
Cantine bio ⑭ Plan H7

Produits locaux et raisonnés : c'est le leitmotiv de cette cantine ouverte par trois amis d'enfance. Depuis leur cuisine ouverte, ils mitonnent des sandwichs, des salades, des farcis du jardin et des tartines généreuses. Pains exquis et originaux, citronnades maison et lecture en libre service. De quoi s'attarder longtemps dans ce petit jardin urbain. Bon point : l'ouverture le dimanche avec un brunch à moins de 15 € !

32, rue Caisserie, 2e arr. • M° Vieux-Port • ☎ 06 10 34 73 80 • T.l.j. sf mar. 10h-18h • Plat du jour : 12 € ; tartine : 7 €.

IL CUOCO
Trattoria ⑮ Plan I6

Sa grande terrasse ombragée redonne vie à cette place située en contrebas des marches qui mènent au Panier. Nouvelle dans le quartier, cette trattoria au look délicieusement rétro confectionne chaque jour des pâtes fraîches et des raviolis maison à des prix qui restent raisonnables. En bonus, l'adresse se double d'une épicerie fine et d'un comptoir pour emporter ses piadines et ses salades du jour.

5, pl. Sadi-Carnot, 2e arr. • M° Colbert • ☎ 04 91 31 20 27 • Lun.-mar. 8h-18h, jeu.-sam. 8h-23h • Plat du jour : 10-16 €.

CHEZ MADIE LES GALINETTES
Provençal ⑯ Plan H7

La nouvelle Madie (Delphine Roux a repris le flambeau de sa tante) mitonne les spécialités provençales comme à la maison : daube provençale, pieds paquets, agneau, palourdes au thym, salade à l'ail, tapenade... Sa viande est excellente, et l'ambiance très conviviale. Une cuisine entre terre et mer approuvée par les Marseillais !

138, quai du Port, 2e arr. • M° Vieux-Port • ☎ 04 91 90 40 87 • Lun.-jeu. 12h-14h et 20h-22h, ven.-sam. 12h-14h30 et 20h-22h30, dim. 12h-14h30 • Menu midi (en semaine) : 18 €.

LE GLACIER DU ROI
Glacier ⑰ Plan H7

Les meilleurs glaces de Marseille ? « Oui », répondent en chœur les connaisseurs. D'origine italienne, Florence Bianchi a laissé tomber le monde du théâtre pour se dévouer aux glaces. Son obsession ? Retrouver le goût des glaces italiennes de son enfance. Dans sa boutique-atelier, on la voit turbiner toute la journée. Le résultat ? Une carte alléchante de crèmes glacées et de sorbets artisanaux tous plus addictifs les uns que les autres. On craque pour son sorbet extra fondant au chocolat et sa glace à la navette.

4, pl. de Lenche, 2e arr. • M° Vieux-Port • ☎ 04 91 91 01 16 • www.leglacierduroi.com • Mai-sept. : lun.-jeu. 8h30-19h, ven.-dim. 8h30-minuit ; oct.-déc. et avr. : mer.-lun. 8h30-19h ; f. janv.-mars • Cornet : 3 € (1 boule).

CUP OF TEA
Salon de thé ⑱ Plan H7

Gilles et Nathalie Mariani tiennent un salon de thé-librairie très sympa où l'on feuillette les livres des éditions Actes Sud. À la carte : une cinquantaine de thés, mais

Le Glacier du Roi

aussi du café et des pâtisseries. Le midi, l'endroit sert une petite restauration, et le soir, à l'heure de l'apéritif, on sort du vin et de la bière corse ! L'intérieur tout en bois est petit et vite rempli. On a vite fait de discuter avec ses voisins !
1, rue Caisserie, 2e arr. • M° Vieux-Port • ☎ 04 91 90 84 02 • Lun.-sam. 9h-19h • Thé : 3,50-5 €.

CHEZ ÉTIENNE
Pizzeria ⑲ Plan H6

Étienne est mort en 2017 mais rien n'a ici changé : toujours pas de téléphone pour réserver ni de terminal pour payer par carte bancaire ! C'est à l'ancienne et un peu à la tête du client. Mais la pizza (aux anchois ou au fromage), incomparable et pourtant toute simple, vaut le déplacement. On goûte aussi les supions à l'ail en salade, tout en jetant un coup d'œil aux dizaines de photos de stars qui couvrent les murs du restaurant.
43, rue de Lorette, 2e arr. • M° Colbert • ☎ 04 91 54 76 33 • T.l.j. 12h-14h30 et 20h-22h30, f. dim. soir • Supions frits : 17 €.

VOIR AUSSI :
Maison Geney | p. 34 | ⑳ Plan H7

Le Mucem et la Major (Quartier 3 - p. 40)

LE BAR DES 13 COINS
Bistrot ㉑ Plan H6

Les habitants du Panier, les étudiants, les artistes et les artisans qui travaillent dans le quartier prennent leur « petit noir » sur cette jolie terrasse ombragée, située sur la place des 13-Cantons (« coin » en provençal), entre la

Le Bar des 13 Coins

cathédrale Major et la Vieille-Charité. L'endroit, paisible, incite à prendre son temps en lisant son journal ou un bon roman.

45, rue Sainte-Françoise, 2e arr. • M° Vieux-Port ou Colbert • ☎ 04 91 91 56 49 • www.lebardes13coins.fr • T.l.j. 7h-22h.

TAKO SAN
Japonais ㉒ Plan H6

Marseille aime la cuisine japonaise, et les habitants du Panier ont fait de Tako San leur cantine fétiche. Ici, point de sushi ou de sashimi. À la place, vous pourrez goûter aux *takoyaki*, des bouchées grillées aux épices japonaises farcies de poulpe, de crevette ou de fromage. Au menu aussi : *onigris, chirashis* et bentos. En hiver, Tako San prépare également de grands bols de *ramen* le week-end : c'est un tel succès qu'il faut parfois les réserver pour être sûr d'en avoir ! L'endroit est exigu et vite rempli, mais il fait aussi de la vente à emporter.

36, rue du Petit-Puits, 2e arr. • M° Vieux-Port, bus n° 49, arrêt Cathédrale-de-la-Major • ☎ 06 17 62 00 19 • Lun., jeu., dim. 12h-14h30, ven.-sam. 12h-14h30 et 19h30-21h30 • *Takoyaki* : 6-7 € les 6.

AU BOUT DU QUAI
Poissons ㉓ Plan G7

Envie de poisson frais ? Filez en direction du fort Saint-Jean et arrêtez-vous à la table de Jean-Luc. Dans ce lieu habillé de grandes baies vitrées, de marbre et de tables en béton, on déguste le meilleur de la pêche du jour en direct de la Criée : lotte, sole, daurade royale, etc. Frais, simple, efficace et sans chichis. Que les carnivores se rassurent : la carte propose aussi des côtes de bœuf et des carrés d'agneau ! On y savoure d'ailleurs un étonnant tartare de veau aux huîtres, une originalité devenue spécialité de l'établissement !

1, av. Saint-Jean, 2e arr. • M° Vieux-Port • ☎ 04 91 99 53 36 • T.l.j. 12h-14h30 et 19h30-22h30, f. dim. soir • Plats : 20-28 €.

Le quartier de la Joliette (Quartier 4 - p. 46)

VOIR :

Spok | p. 51 | ㉔ Plan B2

De Saint-Charles à Longchamp (Quartier 5 - p. 52)

MONSIEUR MADAME
Bistrot ㉕ Plan F3

Si vous aimez courir les brocantes, boire des cafés et manger des gâteaux maison, alors aventurez-vous dans ce salon de thé ouvert par un couple de pâtissiers, collectionneurs d'objets vintage. Vous ne saurez pas où poser vos yeux : du sol au plafond, ça déborde de bibelots. Fauteuils en velours, formica, napperons en crochet, miroirs en rotin, on plonge dans les *sixties* et les *seventies* en se régalant de petits plats maison.

19, av. du Maréchal-Foch, 4e arr. • M° Cinq Avenue-Longchamp • ☎ 04 84 33 42 09 • Lun.-jeu. 8h-19h, ven. 8h-22h, sam. 10h-22h • Plat du jour : 10 € ; wraps : 7 € ; café : 1,80 €.

NOUR D'ÉGYPTE
Méditerranéen ㉖ Plan D3-E3

Le brunch de ce centre culturel égyptien fait salle comble tous les dimanches. Assis sur des poufs ou des canapés aux tissus colorés, on se partage des mezzés sucrés-salés-épicés : falafels, houmous, caviar d'aubergine, pain feuilleté, galette de viande, le tout arrosé de thé, de citronnade ou de jus de grenade fraîchement pressé. Accueil chaleureux et dépaysement garanti. L'été, direction le toit-terrasse et son ambiance d'oasis.

10, rue Bernex, 1er arr. • M° Réformés Canebière • ☎ 09 80 63 06 56 • www.nourdegypte.com • Lun.-jeu. et sam. 11h-23h, ven. 17h-minuit, dim. 11h-16h • Brunch : 15 € ; sandwich falafel : 5 €.

LES GRANDES TABLES DE LA FRICHE
Bistrot ㉗ Plan E1

Rendez-vous au 2e étage de la Friche où les Grandes Tables se sont installées. Curieux et habitués débarquent ici en bande et en famille pour profiter de cette grande salle à la déco industrielle et de sa programmation très événementielle. On partage les tables et on discute avec ses voisins tout en dégustant une cuisine simple et abordable : andouillettes (15 €), tartares et salades (13 €), daubes de poulpe ou lasagnes.

41, rue Jobin, 3e arr. • M° Cinq Avenue-Longchamp • ☎ 04 95 04 95 85 • Lun.-dim. 12h-14h, jeu.-sam. 20h-minuit (et les soirs de spectacle).

VOIR AUSSI :

Pouce ! | p. 57 | ㉘ Plan E2

Noailles et la Plaine (Quartier 6 - p. 58)

LE TIRE-BOUCHON
Bar à tapas (29) Plan D4

C'est l'annexe bar à vins et à manger du restaurant voisin, Le Bistrot du Cours. Tout aussi bon mais en beaucoup plus cool ! Assis le long du comptoir ou à l'écart sur une table bistrot, laissez-vous guider par les conseils experts du serveur pour choisir l'accord parfait entre les vins et les plats qui arrivent format tapas.

11, cours Julien, 6e arr. • Mº Notre-Dame-du-Mont ou Noailles • ☎ 04 13 25 36 78 • Mar.-sam. 12h-14h et 19h-22h (22h30 ven.-sam.) • Vin : à partir de 15 € la bouteille ; tapas : à partir de 5 €.

L'ARÔME
Cuisine de marché (30) Plan D4

C'est le genre d'adresse planquée que les Marseillais préfèreraient garder pour eux. Chaque jour, Romain fait son marché avec des produits frais et concocte une carte inventive pleine de saveurs. Imaginez un *roll up* de tourteaux et de courgettes aux citrons confits ! Original, généreux et succulent. Sa femme, Marilyne, se charge du service et vous conseille des vins au verre simplement extras. Un conseil ? Ne faites surtout pas l'impasse sur les desserts

9, rue des Trois-Rois, 6e arr. • Mº Notre-Dame-du-Mont • ☎ 04 91 42 88 80 • Lun.-sam. 19h30-23h • Menus : 22,50 et 28 €.

L'ÉLÉPHANT ROSE À POIS BLANCS
Glacier, bistrot (31) Plan D4

Gingembre ou fleur d'oranger ? Yaourt ou chocolat amer ? Cet artisan glacier propose une vingtaine de parfums différents de glaces et de sorbets, tous réalisés à partir des produits du marché (2,70 € la boule). Le midi, on s'y attable pour savourer une cuisine du jour : tartes et salades l'été ; tartes et soupes l'hiver (7 € les deux). Amis carnivores, passez votre chemin : cet éléphant-là ne cuisine ni viande ni poisson. Mais si l'envie de croquer un *veggie burger* vous vient, allez-y !

La Cantinetta

3, rue des Trois-Rois, 6e arr. • M° Notre-Dame-du-Mont • ☎ 04 91 47 34 68 • www.elephantroseglacier.fr • Mai-sept. : t.l.j. 12h-minuit ; oct.-avr. : mar.-mer. 12h-19h30, jeu.-sam. 12h-minuit, dim. 14h-19h30.

LA CANTINETTA
Trattoria ㉜ Plan D4

Quelques années ont suffi pour faire de cette trattoria une des adresses les plus branchées du « Cours Ju ». Grand choix de pâtes maison (raviolis à la *burrata*, cannellonis à la viande, *linguine alla putanesca*) et de spécialités méditerranéennes : antipasti de légumes grillés accompagnés de parme, risotto crémeux, pain perdu de panettone et sorbet au *limoncello*. Le plus ? La possibilité de manger à l'ombre d'un platane dans le patio dès qu'il fait beau. Le moins ? La réservation obligatoire.

24, cours Julien, 6e arr. • M° Notre-Dame-du-Mont ou Noailles • ☎ 04 91 48 10 48 • www.restaurantlacantinetta.fr • Lun.-sam. 12h-14h et 19h30-22h30 • Entre 30 et 40 € à la carte.

EGO
Glacier ㉝ Plan D4

Des glaces et des sorbets artisanaux à gogo : des crémeuses, des bios, des vegan au lait de coco et des sans gluten ! Proposés en libre-service, on pioche dans les bacs, on remplit son pot et on y ajoute – ou pas – des toppings avant de payer au poids (3,20 € les 100 g). Il fait trop froid pour une glace ? Pas de panique, Ego sert aussi des formules gourmandes à base de crêpes et de gaufres belges. Ultra gourmand et régressif.

73, cours Julien, 6e arr. • M° Notre-Dame-du-Mont ou Noailles • ☎ 09 81 71 51 34 • www.glaces-ego.com • T.l.j. 13h-20h (23h30 en été).

GEORGES
Bistrot ㉞ Plan E3

Rempli d'habitués de tous âges qui se claquent la bise dès le matin autour d'un café, Georges mijote le midi une cuisine de marché inventive et ultrafraîche. Griffonné sur l'ardoise, le menu se renouvelle sans cesse à coup de légumes de saison escortés de ricotta et de citron confit, de salade Cæsar (14 €), de gigot d'agneau ou de crème à l'amaretto. Prix serrés, bon accueil, jolie terrasse ensoleillée et superbes assiettes : un bon plan que les Marseillais hésitent à partager ! Le soir, la carte se restreint sous forme de tapas (à partir de 5 € le chou fleur frit citronné).

115, bd Chave, 5e arr. • M° Notre-Dame-du-Mont ou tram n° 1 (arrêt George) • ☎ 09 84 30 53 28 • Mar.-sam. 8h-22h (21h l'hiver) • Verre de vin : 3 €.

CHEZ YASSINE
Tunisien ㉟ Plan D4

Pour un aller-retour direct à Tunis, c'est ici qu'il faut venir.

Ce snack familial vous initiera au *leblebi*, une soupe épicée de pois chiche, servie avec ou sans œuf (5,50 €) et au *kefteji*, une sorte de ratatouille au foie de veau. À la carte aussi : des sandwichs, des salades et des bricks au thon. Service rapide, enjoué et prix tout doux. Et si vous avez encore une petite faim après ça, poussez la porte d'à côté pour goûter aux pâtisseries orientales de Carthage.

8, rue d'Aubagne, 1er arr. • M° Noailles • ☎ 09 80 83 39 13 • T.l.j. 11h-21h.

CHEZ SAUVEUR
Pizzeria ㊱ Plan D4

Le propriétaire a conservé l'ambiance et la cuisine de cette pizzeria fondée en 1943 et fréquentée par de nombreux habitués. Au menu, une vingtaine de pizzas réalisées à l'italienne, avec un assaisonnement à base de tomates fraîches, mais aussi des pieds paquets, des lasagnes et des grillades au feu de bois. On peut également emporter une « anchois » ou une « fromage » en l'achetant directement au petit kiosque à pizzas ouvert sur la rue d'Aubagne (8,40 € la pizza, 2,10 € la part).

10, rue d'Aubagne, 1er arr. • M° Vieux-Port ou Noailles • ☎ 04 91 54 33 96 • www.chezsauveur.fr • Mar.-sam. 11h30-14h et 19h30-22h • Pizzas : 11,50-17,50 €.

GREEN LOVE
Fast-food bio ㊲ Plan D4

Un bar à jus doublé d'une cantine végétale. La chose est encore suffisamment rare à Marseille pour attirer les curieux, les *veggies*, les étudiants et les *foodies*. Sourire aux lèvres, Sarah et Maxime cuisinent chaque jour burger végétal, *bowl* chaud et *bowl* froid. Ici, tout est fait maison avec des produits bio, raisonnés et le plus souvent locaux. À noter : plein de desserts sont aussi sans gluten.

22, bd Louis-Salvator, 6e arr. • M° Notre-Dame-du-Mont ou Estrangin Préfecture • ☎ 04 88 86 82 75 • www.greenlove.fr • Mar.-sam. 12h-17h • Formule plat et jus : 14,90 €.

VOIR AUSSI :

L'Idéal | p. 60 | ㊳ Plan D3-4

Le quartier de la Préfecture (Quartier 7 - p. 62)

LE CAFÉ POPULAIRE
Bistronomique ㊴ Plan D5

Aussi connu pour sa déco vintage que pour sa cuisine méditerranéenne, ce restaurant est un des plus courus du quartier. Créé par André Gas, le créateur de bijoux, il est racheté en 2014 par Nicolas Julien et Valérie Bauzano. Attablée dans une salle tout en longueur, c'est une clientèle de branchés, de notables et d'habitués. L'ardoise déroule *linguine* aux palourdes,

Poissons et crustacés
LE BEST-OF

Marseille a les pieds dans l'eau. Alors, de la mer à l'assiette, il n'y a qu'un pas ! Les rues de la cité phocéenne regorgent de restaurants qui cuisinent les produits de la mer. Entre aïoli, bouillabaisse, sardinade, poissons frais et fritures, difficile de faire son choix ! Voici les conseils avisés de notre auteur.

AU BOUT DU QUAI

Ici, les poissons viennent directement de la Criée. Le must ? Leur daurade royale. Voir p. 114.

La Boîte à Sardine

TOINOU COQUILLAGES

Une grande brasserie forcément bruyante, idéale pour assouvir une envie subite de fruits de mer. Voir p. 108.

CHEZ FONFON

Sa bouillabaisse passe pour être l'une des meilleures en ville depuis des décennies. Voir p. 128.

LA BOÎTE À SARDINE

C'est un poissonnier, un vrai, qui régale ! Festin assuré entre calamars, anémones de mer, poissons et couteaux. Voir p. 108.

CHEZ VALLÈS

Le restaurant le plus iodé de Vauban, avec des poissons frais, entiers et grillés. Voir p. 122.

Le Café Populaire

burrata, bœuf Black Angus servi avec roquette et polenta, encornets à la plancha et figues rôties.

110, rue de Paradis, 6ᵉ arr. • M° Estrangin-Préfecture • ☎ 04 91 02 53 96 • Lun.-sam. 12h-14h et 20h-22h • Plats : 16-25 €.

CHICOULON
Bistronomique (40) Plan I8

Déjeuner au milieu d'une cave à vin ? Ou à l'ombre d'un platane dans un patio bien planqué ? Chez Chicoulon, vous aurez le choix ! Cette nouvelle cave à vins ouverte en famille (Édouard et sa sœur Fanny) joue la carte de la simplicité et des accords mets-vins : fondant d'agneau à la verveine, tartare de cabillaud au yuzu et plus de 300 vins disponibles. Ne loupez pas les desserts du jour, tous *homemade*, présentés sur un chariot roulant !

59, rue Grignan, 6ᵉ arr. • M° Vieux-Port ou Estrangin Préfecture • ☎ 04 91 33 46 59 • Lun.-ven. 12h-14h • Entrée : 7 € ; plats : de 13 à 16 €.

LA STATION UVALE
Street food (41) Plan C4

Une curiosité qui squatte le cours Pierre-Puget depuis plus de 50 ans. Ici, on presse des jus de fruits à longueur de journée et le jus star, comme son nom latin l'indique, c'est le jus de raisin (1,20 € la coupe).

27, cours Pierre-Puget, 6ᵉ arr. • M° Estrangin Préfecture • Juin-oct. : lun.-sam. 9h-20h.

GREEN BEAR COFFEE
Fast-food bio (42) Plan I8

Ce Green Bear compte déjà trois adresses à Marseille (les autres sont au 123 la Canebière - D3 ☎ 09 80 99 61 87, lun.-ven. 10h-18h, 10h-16h en août - et au 22, bd Paul-Peytal - D4 ☎ 09 50 38 88 29, lun.-sam. 11h-18h, 11h-17h en août). Au menu de ce concept de restauration rapide : du bio et du bon avec une sélection de recettes végétariennes et sans gluten (soupe de lentilles corail et lait de coco, salade de nouilles de riz et de légumes sautés) mais pas seulement ! Vous pourrez aussi vous régaler d'une salade César ou d'un sandwich au poulet et au bacon. À l'intérieur, l'ambiance est plutôt new-yorkaise (quelques tables en terrasse).

17, rue Glandèves, 1er arr. • Mº Vieux-Port • ☎ 04 91 04 06 91 • www.greenbearcoffee.com • Lun.-ven. 11h-15h30 • Salades, sandwichs : 5-6,10 €.

SWEET'S LADY
Bistrot ㊸ Plan I8

L'ancien bar à hôtesses de Josie s'est transformé en une cantine bistrotière qui joue de son passé sulfureux : alcôves discrètes, skaï sur les murs, lumière tamisée et banquettes en velours. Le midi, c'est grosse tartine, œuf mimosa, croque-monsieur à la truffe et plat de grand-mère. Changement d'ambiance le soir entre tapas, cocktails et afterworks.

29, rue Glandèves, 1er arr. • Mº Vieux-Port • ☎ 04 91 61 45 95 • Mar.-mer. 12h-14h30, jeu.-sam. 12h-14h30 et 19h-minuit. • Formule midi : 15 €.

O'BIDUL
Cuisine de marché ㊹ Plan D4

Ouvert en décembre 2012, ce minirestaurant aux allures de loft new-yorkais ne désemplit jamais. La raison de ce succès ? Une cuisine de marché vive et délicieuse (ah les rillettes de maquereaux !), un service aux petits oignons et des prix plus que raisonnables. Mais le plus bluffant, c'est que Fabrice Bazin, son jeune chef, fait tout tout seul : accueil, service, cuisine et addition ! Seulement 20 couverts : réservation quasi obligatoire.

79, rue de la Palud, 6e arr. • Mº Notre-Dame-du-Mont • ☎ 04 91 33 93 78 • Mar.-mer. 12h-14h, jeu.-sam. 12h-14h et 19h-22h • Plat : env. 14 € ; menu midi : 17 €.

MADAME JEANNE
Provençal ㊺ Plan I8

Adossée à une cave à vins nature, cette table se découvre au calme d'un petit patio ou dans le cadre d'une salle à la déco léchée : chaises *fifties*, banquettes couleur fauve, lampes en laiton, plantes grasses et jolies assiettes en céramique. Minimaliste et locavore, la carte se renouvelle au fil de la saison en faisant la part belle aux produits : tomates anciennes et brousse du Rove, tartare de veau et de poutargue, risotto de *fregola* et ceviche de poulpe. Et dans les verres ? Du nature forcément !

84, rue Grignan, 6e arr. • Mº Estrangin Préfecture • ☎ 04 86 26 54 16 • Lun.-mar. 12h-14h, mer.-sam. 12h-14h et 20h-22h • Formule midi : 24 €.

Madame Jeanne

SYLVAIN DEPUICHAFFRAY
Pâtisserie ⑯ Plan I8

Beaucoup de Marseillais le considèrent comme le meilleur pâtissier de la ville ! Installé dans le quartier depuis 2004 après un passage à Paris chez Pierre Hermé, il compte des centaines de fidèles qui craquent pour son millefeuille... Ses tartes ne sont pas mal non plus : essayez donc celle au chocolat au lait, caramel au beurre salé, cacahuètes grillées et banane ! La boutique propose aussi salades et snacks salés pour le midi.

66, rue Grignan, 1er arr. • M° Vieux-Port ou Estrangin Préfecture • ☎ 04 91 33 09 75 • www.sylvaindepuichaffray.fr • Lun. 7h30-16h, mar.-ven. 7h30-19h, sam. 8h-19h • Gâteau individuel : env. 4 €.

BIIIG
World food ㊼ Plan D5

Né au Liban, ayant grandi à Marseille et étant passé par Paris, Mazen s'est installé près de la place Castellane en 2013 pour ouvrir une adresse cosy de burgers maison et de *world food*. Sur la carte, les burgers côtoient des bo-bun, des couscous et des tartares thaïs. Fraîchement cuisiné au jour le jour, le tout déborde d'herbes et d'épices. En dessert, essayez les crêpes libanaises à la fleur d'oranger.

8, rue Louis-Maurel, 6e arr. • M° Castellane • ☎ 04 91 37 00 11 • Mar.-sam. 12h-14h et 19h-22h30 • Menu midi : 11,80 € • Burgers : de 12,50 à 13,50 €.

VOIR AUSSI :

Piou | p. 64 | ㊽ Plan I8

Le sud du Vieux-Port et Notre-Dame (Quartier 8 - p. 66)

CHEZ VALLÈS
Poissons ㊾ Plan C5

Quelques tables posées sur le trottoir d'une placette pleine de charme, des poissons entiers grillés et escortés d'une purée ou d'une polenta crémeuse, des vins soigneusement sélectionnés et des entrées qui dépotent : oui, ce restaurant de quartier mérite le détour ! Produits ultrafrais, service adorable et cuisine savoureuse.

76, bd Vauban, 6e arr. • M° Castellane ou Estrangin Préfecture • ☎ 09 54 05 11 80 • Mar. 11h45-14h30, mer.-sam. 11h45-14h30 et 19h30-23h • Poisson : 6 € les 100 g ; verre de vin : à partir de 2,50 €.

EMKI POP
Glacier ㊿ Plan C5

Les meilleures glaces de Marseille ? Peut-être. Émeline et Guillaume revisitent le bâtonnet glacé avec des esquimaux artisanaux aussi beaux que bons. Les goûts sont purs (ils ont des fournisseurs extra et les sorbets contiennent 75 % de fruits), les associations de saveurs

Le Grand Guste

étonnantes et séduisantes. Hum, la détox à base de citron, curcuma et gingembre ! Ah, la black sésame trempée dans le chocolat noir ! Un concept malin, régressif et addictif. À la sortie des classes, il y a foule et gros cas de conscience : glace ou cookies encore chauds ? Car oui, Emki Pop propose bien d'autres douceurs sucrées. Un vrai piège !
80, bd Vauban, 6e arr. • M° Castellane ou Estrangin Préfecture • ☎ 09 72 55 95 51 • www.emkipop.fr • Mar.-dim. 10h-19h • Bâtonnet : 3,90 € (topping gratuit).

LE GRAND GUSTE
Traditionnel (51) Plan C5

Une cuisine de grand-père moderne et généreuse : voilà l'idée de ce restaurant qui revisite des recettes éculées mais qui rencontrent toujours autant de succès. Résultat ? Entre sauté de veau et sole à la grenobloise, les clients se laissent aussi tenter par les viandes cuites à la broche qu'on aperçoit depuis les baies vitrées de la cuisine. Les plats arrivent dans les casseroles, avec les sauces et les accompagnements, comme à la maison. La déco ? Complètement folle et assumée entre le papier peint fleuri, les chaises tapissées, les suspensions en rotin et les tableaux accrochés. Il y a aussi une cour intérieure.
31, bd Notre-Dame, 6e arr. • M° Estrangin Préfecture • ☎ 04 91 53 17 82 • Mar.-ven. 12h-14h30, mer.-sam. 20h-23h • Formule midi : 17 € ; rôtisserie : 24 €.

LE COUTEAU
100 % viande (52) Plan B4

Opinels sur la table et têtes de vache accrochées aux murs : c'est le nouveau QG des carnivores de la ville ouvert par trois amis intarissables sur leurs produits ! Ici, les viandes sont sourcées,

Le Couteau

Les plus belles adresses AU BORD DE L'EAU

Qui n'aurait pas envie de s'attabler devant le bleu infini de la Méditerranée en profitant des rayons du soleil et en observant le ballet des bateaux ? Pour que le repas soit aussi bon que la vue est belle, suivez le guide !

L'ESPLAÏ

Un décor de carte postale au village des Goudes, où l'on déguste des produits de la mer parmi les meilleurs de Marseille. Voir p. 131.

LE PETIT PORT

La terrasse, accrochée à une falaise, domine le charmant port de l'Escalette. Voir p. 130.

CHEZ LE BELGE

La cuisine est rudimentaire mais le cadre paradisiaque, caché dans les calanques. Voir p. 131.

LE RAZZLE

Un bateau-phare amarré à l'Estaque et une carte signée par une étoile montante de la gastronomie. Voir p. 151.

Vue sur les Goudes depuis L'Esplaï

labellisées, parfois maturées, et elles arrivent sur un chariot pour être découpées devant le client (on paye au poids). Le reste de la carte propose quelques plats de saison et une jolie sélection de vins (à partir de 3 € le verre de rouge).
145, rue Sainte, 7e arr. • Mo Vieux-Port ou bus no 55 (arrêt Ste Petit Chantier) • ☎ 06 59 31 75 71 • Mar.-ven. 12h-14h et 19h30-23h, sam. 19h30-22h30.

TONTON MARIUS
Pizzeria ⑤③ Plan H8

La spécialité de Marius, c'est la pizza *al taglio*, comme à Rome. La pâte est épaisse et moelleuse et les saveurs jouent le registre classique (la fameuse mozzarella-basilic), même si les trois fondateurs avouent un faible pour celle aux anchois et celle à la crème de truffe, disponible seulement l'hiver. À noter : tonton Marius dispose déjà de deux adresses (rue Sainte et rue d'Israël).
72, rue Sainte, 7e arr. • Mo Vieux-Port ou bus no 55 (arrêt Ste Fort Notre-Dame) • ☎ 04 83 43 82 83 • www.tontonmarius.fr • Lun. 11h30-14h, mar.-sam. 11h30-14h et 18h30-23h • Pizza : 3,50 € la part ; *focaccia* : 5,50 €.

TAQUERIA LOKA
Tacos, fusion ⑤④ Plan B4

Cactus sur les tables, têtes de mort posées sur le bar, portrait de Frida Kahlo sur les murs : bienvenue dans ce restaurant de tacos. Les groupes d'amis se succèdent toute la soirée pour goûter à sa cuisine fusion. Carte courte et délicieuse, service tout sourire et ambiance *caliente*. Un conseil : goûtez la tarte au citron vert meringuée à base de navettes des Accoules. Une tuerie !
126, rue Sainte, 7e arr. • Mo Vieux-Port ou no 55 (arrêt Ste Petit Chantier) • ☎ 04 91 33 84 10 • www.taquerialoka.com • Mar.-jeu. 19h30-23h, ven.-sam. 19h30-minuit, mer.-ven. 12h-13h45 • Tacos : 12 € les trois ; ceviche : 10 €.

SÉPIA
Gastronomique ⑤⑤ Plan B5

C'était le chalet désuet du jardin Puget, c'est devenu un restaurant de gourmet posé à flanc de colline : cadre romantique et vue à couper le souffle. À l'heure où le soleil se couche et où les lumières de la ville s'allument, on en prend plein les yeux. Spectacle garanti aussi dans les assiettes : joliment dressés, les plats se succèdent et affolent les papilles avec des accords intuitifs. Jugez plutôt : crème de brocolis, jaune d'œuf confit, câpres, anchois et poutargue !
2, rue Vauvenargues, 7e ar. • Mo Vieux-Port ou bus (arrêt Petit Chantier) • ☎ 09 83 82 67 27 • www.restaurant-sepia.com • Mar.-sam. 12h-13h30 et 20h-22h • Menu soir : 36 €.

DAME FARINE
Boulangerie ⑤⑥ Plan B5

Marie-Christine travaille exclusivement avec des farines biologiques et des blés anciens. Entre gros pains à la farine de khorasan, baguettes au *zaatar*, pains au petit épeautre, fougasses aux olives et navettes, elle invente chaque jour des recettes qui font écho à la saison, tel le pain aux courges en automne. Cette boulangerie vertueuse est si bonne qu'une de ses fidèles clientes a fini par passer derrière la caisse. Bref, si vous croisez son chemin, foncez !

77, av. de la Corse, 7e arr. • Bus arrêt Place du 4-Septembre • www.damefarine.fr • Mar.-sam. 8h-13h15 et 16h-19h30.

LA BONNE MÈRE
Pizzeria (57) Plan C5

Une pizza meilleure que la mythique moitié-moitié de Chez Sauveur ? Pour certains, oui ! Venus de Naples et installés dans une guinguette sans chichi, Mahéva et Jérémy Piazza ne travaillent qu'avec des produits de qualité : la farine et l'huile d'olive sont bio, les fromages AOP. Entre les 20 pizzas au menu, sachez que la Manon, avec son pistou *homemade*, a même eu droit aux honneurs du Fooding ! Si vous ne réservez pas, vous devrez prendre à emporter !

16, rue Fort-du-Sanctuaire, 6e arr. • Bus arrêt Fort du Sanctuaire • ☎ 04 91 58 22 05 • www.pizzeria-labonnemere.fr • Mar.-jeu. 19h-22h, ven.-sam. 12h-14h et 19h-22h • Pizzas : de 8 à 14 €.

WITH DELI DÉLICE
Traiteur (58) Plan C5

Enfin une adresse ouverte le dimanche midi dans le quartier Vauban ! Moitié restaurant, moitié traiteur-boulangerie, on y savoure la cuisine de la jeune Charlotte. Branchée santé mais très gourmande (tajine l'hiver, poulet rôti et avocat fumé l'été), elle mitonne tout elle-même : du granola du matin au pain (avec ou sans gluten), en passant par les sirops. Son péché mignon : une brioche maison garnie de brillat-savarin (moins de 6 €), qui lui rappelle les bagels de New York !

84, bd Vauban, 6e arr. • M° Castellane ou Estrangin Préfecture • www.carlottawith.com • Mar.-dim. 8h-20h • Formule midi : 12-13 € (à emporter).

MAISON VAUBAN
Méditerranéen (59) HP par C5

Qui pourrait soupçonner le passé de bar PMU de cette adresse à la déco si « Instagram » ? Grand comptoir carrelé, briques apparentes, plantes et bambou partout, rien ne manque. Il n'en fallait pas plus pour que cette maison devienne le nouveau repère des gens du coin, qui viennent se régaler d'une cuisine méditerranéenne. Le soir, ambiance plus branchée entre cocktails, bruschettas et soirées DJ de temps en temps.

109, bd Vauban, 6e arr. • Bus arrêt Fort du Sanctuaire • ☎ 06 76 49 45 19 • Lun.-mer. 8h-15h, jeu.-sam. 8h-15h et 18h-minuit • Plat du jour : de 13 à 15 €, cocktails : de 7 à 9 €.

VOIR AUSSI :

Le Bistrographe | p. 71
| (60) Plan B4

Le long de la corniche Kennedy (Quartier 9 - p. 72)

PERON
Gastronomique ⑥① Plan A5

L'architecture de ce restaurant sélect et cosy mêle le bois et l'Inox. Côté cuisine, c'est le même raffinement : ravioles de tourteau, filets de saint-pierre rôtis, planche d'espadon, noisettes d'agneau en croûte de coriandre et navets glacés aux agrumes. Un conseil : demandez une table près des fenêtres ou en terrasse, la vue panoramique sur le large est époustouflante.

56, corniche Kennedy, 7e arr.
• M° Vieux-Port, bus n° 83 (arrêt Corniche-Frégier) • ☎ 04 91 52 15 22
• www.restaurant-peron.com
• T.l.j. 12h-14h et 20h-22h
• Bouillabaisse : 56 €/pers. ; menus : de 55 € (midi) à 84 € (soir).

LE BISTROT PLAGE
Pizzeria, tapas ⑥② Plan A5

On aperçoit son ponton et ses transats orange depuis le haut de la Corniche. Ouvert en continu pendant l'été, ce Bistrot Plage est un endroit multiple qui fait office de restaurant, de bar lounge et de plage privée (15 € la location des matelas à la journée). D'accord, les assiettes (pizzas, salades, tapas) n'ont rien d'exceptionnel et le cadre est un peu vieillot, mais l'essentiel est ailleurs : regardez plutôt le paysage qui s'offre à vous. À l'heure du *sunset*, un apéro sur ce ponton face au Frioul, ça n'a pas de prix !

60, corniche Kennedy, 7e arr.
• M° Vieux-Port, bus n° 83 (arrêt Corniche-Frégier) • ☎ 04 91 31 80 32
• www.bistrot-plage.fr
• Avr.-oct. : t.l.j. 10h-1h30
• Salades : 15-18 € ; plat : env. 25 €.

LE RICHELIEU
Bistrot ⑥③ Plan A4

Cette adresse les pieds dans l'eau est encore un peu secrète. Planquée à gauche de la plage des Catalans et face au Frioul, disposant de quelques tables dressées en plein air face à la mer, Le Richelieu régale en toute simplicité du matin au soir : sandwichs, salades,

Peron

croque-monsieur... Le meilleur moment pour en profiter ? À l'heure du *sunset*, avec une bouteille de vin et quelques grignotines à partager (27 €).

Plage des Catalans, 7e arr. • Bus arrêt Plage des Catalans • ☎ 06 64 51 61 83 • Mai-sept. : mar.-dim. 10h-21h30 • Salades : de 10 à 12 € ; bruschettas : 7 €.

LE BARON PERCHÉ
Italien (64) Plan B5

Sur les hauteurs calmes d'Endoume, ce Baron est un vrai bon plan. Au menu ? Une *burrata* divine, des antipasti, des plateaux de charcuterie italienne, des *fritto misto* d'encornets, des *linguine* et le Joseph, une meringue italienne avec une crème au citron. Les tables du patio aux volets bleus sont les plus prisées. La salle intérieure, avec son bar et sa déco rétro, a aussi son charme. Le week-end, les Marseillais y viennent entre amis et en famille.

45, rue Chateaubriand, 7e arr. • M° Vieux-Port, bus n° 80 (arrêt Vallon-Jourdan) • ☎ 09 51 24 89 52 • Mar. 12h-14h, mer.-sam. 12h-14h et 19h-22h30 • Menu midi : 13 €.

Chez Fonfon

CHEZ FONFON
Poissons (65) Plan A5

Depuis le départ à la retraite de son père, Alexandre Pinna tient les rênes de cette institution marseillaise spécialiste de la bouillabaisse depuis 1952. Outre les plats marseillais à base de poisson (bouillabaisse, bourride, sèche, poulpe, moules), le cuisinier ouvre sa carte à des spécialités plus travaillées : croustillant de langoustines, raviolis à base de pommes.

140, rue du Vallon-des-Auffes, 7e arr. • M° Vieux-Port, bus n° 83 (arrêt Vallon-des-Auffes) • ☎ 04 91 52 14 38 • www.chez-fonfon.com • T.l.j. 12h-14h et 19h-21h45 • Bouillabaisse : 53 €/pers. ; plateau de fruits de mer : 42 €.

L'ÉPUISETTE
Gastronomique (66) Plan A5

L'Épuisette s'est amarrée en bout de jetée du vallon des Auffes. Son chef étoilé, Guillaume Sourrieu, s'inspire des produits méditerranéens et des épices qu'il mêle avec talent : homard grillé en croûte d'épices, rouleau de lotte au King Crab servi avec une sphère croustillante au chou chinois et chorizo ibérique et, en dessert, une tarte soufflée au chocolat et fraîcheur de bananes fressinettes au *lime*. Un vrai voyage gastronomique.

156, rue du Vallon-des-Auffes, 7e arr. • M° Vieux-Port, bus n° 83 (arrêt Vallon-des-Auffes) • ☎ 04 91 52 17 82 • www.l-epuisette.fr • Mar.-sam. 12h-13h30 et 19h30-21h30 • Menus : de 70 à 125 €.

CHEZ MICHEL
Poissons (67) Plan A4

Des générations de Marseillais viennent depuis toujours goûter à la bouillabaisse de Chez Michel : finement préparée avec sa rouille, elle est tout bonnement excellente. La bourride, les supions sautés à la poêle et les poissons de roche sont aussi à la carte. Cadre désuet et service à l'ancienne font le charme de cette adresse familiale.

6, rue des Catalans, 7e arr. • M° Vieux-Port, bus n° 82 (arrêt Plage-des-Catalans) • ☎ 04 91 52 30 63 • www.restaurant-michel-13.fr • T.l.j. 12h-13h30 et 20h-21h30 • Bouillabaisse : 75 €.

LE PETIT NICE PASSÉDAT
Gastronomique (68) Plan p. 72

LA table gastronomique de Marseille. Elle a vu défiler trois générations de la même famille, mais c'est Gérald Passédat qui lui a permis de décrocher les seules trois étoiles de Marseille ! Dans une villa toute blanche accrochée à son rocher et face au château d'If, il concocte une cuisine pleine d'iode et d'imagination : beignets d'anémones de mer et écume de lait au caviar, navarin de rouget de homard etc. À la carte, on trouve toujours son tout premier plat, le loup « Lucie Passédat », en hommage à sa grand-mère.

Anse de Maldormé • 16, rue Braves, 7e arr. • M° Vieux-Port, bus n° 83 (arrêt Fausse-Monnaie) • ☎ 04 91 59 25 92 • www.passedat.fr • Mar.-sam. 12h-14h et 19h30-22h • Menus : 100-370 €.

VOIR AUSSI:

L'Eau à la Bouche | p. 74 | Plan p. 72

Les plages et les quartiers sud (Quartier 10 – p. 78)

LA VILLA
Fusion (69) Plan p. 78

Voici un agréable restaurant où aime se retrouver le Tout-Marseille. La terrasse ombragée sous sa tonnelle ainsi que les confortables salons font tout le charme du lieu. En cuisine, trois chefs se relaient pour proposer une carte très variée : des pizzas, des coquillages, des sushis, des makis, des viandes et des poissons grillés au feu de bois.

113, rue Jean-Mermoz, 8e arr. • M° Rond-Point-du-Prado • ☎ 04 91 71 21 11 • www.restaurant-la-villa.fr • T.l.j. 12h-14h30 et 20h-23h • Pizza : 17 €.

LE VENTRE DE L'ARCHITECTE
Gastronomique (70) Plan p. 78

De passage à la « Maison du Fada », arrêtez-vous dans ce restaurant semi-gastronomique, situé au 3e niveau (on parle de niveau et non d'étage avec Le Corbusier). Mobilier d'époque et vue à couper le souffle sur la mer. L'accueil peut parfois être un peu rustre, mais les plats sont toujours recherchés : araignée de cochon rôtie, poêlée des sous-bois, pêche du jour rôtie comme une choucroute... Si ça n'est pas l'heure, profitez quand même de la vue et du balcon autour d'un café ou d'un verre de vin !

280, bd Michelet, 8e arr. • M° Rond-Point du Prado, bus nos 21 et 22 (arrêt Le Corbusier) • ☎ 04 91 16 78 23 • www.hotellecorbusier.com • Menus : 29 € (midi) et 61 € (soir).

VOIR AUSSI:
Café Borély | p. 80 | Plan p. 78

Les calanques (Quartier 11 - p. 84)

LA GROTTE
Pizzeria (71) Plan p. 84

On ne peut pas aller plus loin que ce restaurant situé en bout de route. Les pizzas (à partir de 11 €) font la renommée du lieu, mais on y vient aussi pour ses poissons (8,50 € les 100 g). De retour de balade, on peut y faire une halte et profiter de la beauté des paysages devant un chocolat chaud ou une glace.

1, av. des Pébrons, Callelongue, 8e arr. • ☎ 04 91 73 17 79 • http://lagrotte-13.com • T.l.j. 7h-23h.

LE PETIT PORT
Provençal (72) Plan p. 84

À peine visible depuis la route qui mène aux Goudes, ce restaurant doté d'une immense terrasse surplombe une petite crique digne d'une carte postale où sont amarrées quelques barquettes. À la carte : choix entre pizzas au feu de bois (de 11 à 16 €) et spécialités provençales : beignets de calamars ou de fleurs de courgette, supions et filets de rouget à la tapenade. Attention, les prix grimpent vite !

L'Escalette, route des Goudes, 8e arr. • M° Castellane, puis bus n° 20 (arrêt Escalette) • ☎ 04 91 72 20 00 • www.restaurant-le-petit-port.fr • Juin-août : t.l.j. midi et soir ; mai et sept. : mar. midi-dim. soir ; oct.-avr. : sam.-dim. midi.

LA BAIE DES SINGES
Poissons (73) Plan p. 84

Cet ancien petit cabanon avec calanque privée bénéficie d'une situation exceptionnelle, face à la Méditerranée. La cuisine, simple, est basée sur les produits de la mer, principalement poissons grillés et bouillabaisse.

Le Petit Port

Anse Croisette • Les Goudes, 8e arr. • M° Castellane, bus n° 19 (arrêt Madrague-de-Montredon), puis bus n° 20 (arrêt Les Goudes) • ☎ 04 91 73 68 87 • www.la-baie-des-singes.fr • 15 avr.-oct. : t.l.j. 12h-14h30 et 19h-22h30 (résa conseillée) • Plat : env. 26 €.

CHEZ LE BELGE
Familial (74) Plan p. 84

C'est le genre d'adresse bien planquée et qui se mérite. Imaginez : il vous faudra entre 45 min et 1h de marche depuis le GR98 qui longe la mer à Callelongue avant d'espérer vous attabler chez ce Belge-là ! À la clé, un cadre paradisiaque qui ressemble comme deux gouttes d'eau à la Grèce. Au menu, c'est simple et vite fait : spaghettis bolognaise, côtes de porc ou crêpes. Et pour cause : il n'y a pas d'électricité ici, donc pas de règlement en carte bleue ni de réservation par téléphone ! Authentique, on a dit ! Calanque de Marseilleveyre, 8e arr. • M° Rond-Point-du-Prado, bus n° 19 (arrêt Madrague-de-Monteredon), puis bus n° 20 (arrêt Callelongue) et chemin côtier (2 km)• Avr.-sept. : t.l.j. 9h-17h • Plat : env. 20 €, salade niçoise : 14 €.

L'ESPLAÏ, LE GRAND BAR DES GOUDES
Poissons (75) Plan p. 84

Que dites-vous de goûter à des poissons pêchés ici, dans le port des Goudes ? Rougets, rascasses, poulpes, loups, daurades : les plats changent tous les jours en fonction de l'arrivage. Passionné et pédagogue, le maître des lieux vous enseignera l'art et les secrets de la bouillabaisse (46 €) et de la bourride, deux des spécialités de la maison. De quoi passer un agréable moment dans une ambiance familiale tout en profitant de la vue sur ce petit port pittoresque.
29, rue Désiré-Pellaprat, 8e arr. • M° Castellane, bus n° 19 (arrêt Madrague-de-Montredon), puis bus n° 20 (arrêt Delabre-Pellaprat) • ☎ 04 91 73 43 69 • www.grandbardesgoudes.com • Mars et sept.-nov. : jeu.-sam. 12h-14h et 20h-22h, dim. 12h-14h ; avr.-août : jeu.-mar. 12h-14h et 20h-22h ; déc. et fév. : vac. scol. ; janv. : sam.-dim. 12h-14h • Plats : 14-30 € ; menu mer : 45 €.

VOIR AUSSI :

Chez Caro It's Goude | p. 86 | Plan p. 84

La cuisine marseillaise

Qui dit Marseille dit bouillabaisse, pastis et navettes. Toutefois, derrière cette trilogie emblématique se cache une cuisine iodée et métissée. Les restaurants et les marchés vont vous faire découvrir des saveurs issues de tout le monde méditerranéen : à vous les chichis, les pizzas, les couscous, les sardinades, les baklavas... On mange très bien à Marseille ! Surtout depuis que la jeune garde des chefs a décidé de se liguer pour faire rimer Marseille avec *fooding*.

DU POISSON ET ENCORE DU POISSON...

Venir à Marseille sans goûter la **bouillabaisse** ? N'y pensez pas ! Le plat le plus typique et le plus demandé figure toujours à la carte des restaurants. Mais sa recette a bien changé : aujourd'hui, les restaurateurs rivalisent d'imagination pour dépoussiérer la tradition et réinventer ce plat aux parfums de mer et de garrigue : façon milk-shake, sous forme de millefeuille ou encore de burger de bouillabaisse ! Autres saveurs iodées : la **bourride,** l'**aïoli,** la **soupe de poissons de roche,** les **sardinades,** les **fritures d'anémones,** les **supions** et les **encornets farcis.**

La *street food* marseillaise

Un pied dans la tradition, un pied dans la modernité : voilà comment résumer le « fishe & shipe », préparé dans une camionnette Citroën vintage à la tôle ondulée repeinte de bleue et de jaune. Elle sillonne les routes marseillaises et stationne partout où on l'invite : concerts, festivals, soirées événementielles, etc. À son comptoir, c'est l'occasion de goûter un *fish & chips* à la marseillaise (7 €). Ici, ni frites ni cabillaud : à la place, on vous sert des panisses et du merlu frit accompagné d'aïoli.
www.fishandchipsmarseillais.com

SAVEURS D'AILLEURS

Marseille est un **melting-pot de saveurs et d'influences.** Les pizzas, couscous et tajines côtoient des plats traditionnels comme la **daube provençale,** les **pieds paquets,** les **tripes** et les **farcis de légumes.** Les assiettes sont gorgées de soleil, même si on assiste à un engouement pour la cuisine asiatique. Sauf qu'ici on mange des sushis à la galinette et à la liche pêchés dans la rade de Marseille !

Côté douceurs, la **navette** et son parfum délicat de fleur d'oranger dispute la vedette à la **pompe à l'huile** (sorte de fougasse qui figure parmi les treize desserts de Noël) et aux **croquants.** Mais depuis longtemps, les Marseillais ont adopté les desserts transalpins, **tiramisu** et **panacotta** en tête. Sans oublier les **glaces artisanales** qui se multiplient en ville. Dernière sensation en date : les **bâtonnets givrés** d'Emki Pop (p. 122).

Cuisine de la mer, chez Peron

GOURMÉDITERRANÉE : LA FRONDE DES CHEFS

À l'origine de cette association créée en janvier 2012, un coup de colère : pourquoi toujours parler de la gastronomie lyonnaise ? Pourquoi réduire Marseille au foot et aux kalachnikovs ? À la veille du lancement de Marseille-Provence 2013, les trois étoilés de la ville - Gérald Passédat, Lionel Lévy et Guillaume Sourrieu - ont créé **Gourméditerranée,** avec l'envie de bousculer les idées reçues. Grâce à eux, la gastronomie made in Marseille prend des accents bistrotiers et s'aventure sur le terrain du ***fooding.*** L'objectif ? Faire de Marseille la capitale européenne de la gastronomie méditerranéenne. Fin 2017, l'association regroupait plus de 70 chefs et 5 restaurants étoilés. À son actif : des « batailles » de chefs et des restaurants éphémères lors de la Foire internationale de Marseille. Des événements ponctuels sont à suivre sur le site **www.associationgourmediterranee.com**

DU PASTIS À LA CAGOLE

C'est un cliché, mais c'est vrai : à Marseille, le **pastis** est une des boissons les plus consommées et les plus populaires. Cousin de l'absinthe, accusée de rendre fou et interdite en 1915, le pastis doit sa création à Paul Ricard. Dans les années 1920, il élabore un breuvage à base d'**anis,** de **réglisse** et de **plantes tenues secrètes.** Tiré à 45 °C au lieu de 40, son slogan de 1932 affiche un insolent « Ricard, le vrai pastis de Marseille ». On continue de le boire allongé d'eau et de glaçons ou de le mélanger : avec du sirop de menthe, c'est un perroquet ; avec de la grenadine, une tomate ; avec du sirop d'orgeat, une mauresque. Mais le pastis rencontre un nouveau concurrent, la **bière.** Surtout que depuis 2003, Marseille a la **Cagole :** une bière en partie brassée dans le quartier du Panier (p. 32 et 164), surnommée « bière du cabanon », qui se boit blonde ou blanche. Son succès a donné l'idée à d'autres car, en juin 2013, la microbrasserie artisanale **Bière de la Plaine** a ouvert ses portes (16, rue Saint-Pierre, 6e arr. - Plan D4 - ☎ 04 91 47 32 54), proposant des bières maison qui se dégustent sur place ou dans des bars à bières du quartier Saint-Victor (Fietje p. 147, Victor p. 146).

Bars, clubs & sorties

PAR QUARTIER

Les coups de cœur DE NOTRE AUTEUR

Marseille est une ville d'ambiance: bars à vins, à cocktails ou à bières, lieux vintage ou branchés, sorties culturelles, apéros entre amis ou en amoureux... Vous trouverez forcément de quoi animer vos soirées ! Pour vous aider à choisir, voici les coups de cœur de notre auteur.

LA CARAVELLE

Un balcon intime idéal pour siroter un verre en amoureux, face à Notre-Dame-de-la-Garde. Voir p. 137.

FIETJE

Mon lieu de repli préféré en hiver pour pouvoir goûter à des bières artisanales. Voir p. 147.

U-PERCUT

Le repère jazzy qui fait mouche à chaque fois: l'ambiance est telle que vous risquez de faire la fermeture ! Voir p. 147.

U-Percut

La Caravelle

LE BAR DE LA RELÈVE

Moitié cool, moitié branché, c'est le lieu que je préfère pour un apéro festif qui peut se prolonger jusque tard. Voir p. 147.

LE CAFÉ DE L'ABBAYE

Mon plan B pour une soirée à la cool quand il y a trop de monde au Bar de la Relève ! Voir p. 149.

LE CHAPITEAU

Après une pétanque et un apéro en plein air, la soirée se prolonge à l'intérieur pour danser jusqu'au bout de la nuit. Voir p. 141.

À SAVOIR

OÙ SORTIR ?

Autant être prévenu : Marseille est une ville qui se couche relativement tôt. Passé 23h, rares sont les endroits encore ouverts où l'on peut faire la fête toute la nuit. Mais, comme partout ailleurs, **chaque quartier a son ambiance.** Du côté de la **Belle de Mai,** on croise pas mal de *hipsters* ; les terrasses ensoleillées du **« Cours Ju »** ont la faveur des étudiants et des artistes, tandis que celles de l'**Escale Borély** sont saturées de touristes en été. Toutefois, un seul quartier réunit tout le monde : le **Vieux-Port.** Marseillais ou pas, jeunes ou moins jeunes, intellos ou non, chacun y trouve son compte.

QUAND SORTIR ?

Casaniers et solitaires l'hiver, les Marseillais se réveillent avec le retour des beaux jours. Dès que les températures le permettent, les fêtes s'improvisent près des plages comme au **Petit Pavillon** (54, corniche Kennedy, 7e arr. - Plan A5 - www.lepetitpavillon.com), mais aussi sur l'eau ou dans des bus à impériale ! À noter que les trentenaires raffolent des soirées organisées par le collectif **Borderline,** connu pour ses apéros en bateau. Des événements à retrouver sur **www.borderliner.fr**

OÙ S'INFORMER ?

Pour être informé de la vie culturelle, artistique et associative marseillaise, filez au **WAAW** (« What An Amazing World »). C'est à la fois un bistrot où se déroulent de nombreuses rencontres artistiques (17, rue Pastoret, 6e arr. - Plan D4 - ☎ 04 91 42 16 3 - Mar., jeu.-ven. 18h-minuit, mer. et sam. 16h-minuit et un dim./mois), et un média informatif et culturel (**www.waaw.fr**). Vous pourrez également consulter l'agenda quotidien des nuits marseillaises sur **www.lanuit-magazine.com**

SE REPÉRER

Chaque adresse de lieu de sortie est associée à une pastille violette numérotée. Vous retrouverez toutes les adresses positionnées sur le plan détachable.

Bars, clubs & sorties
PAR QUARTIER

Le Vieux-Port et la Canebière (Quartier 1 – p. 22)

LA CARAVELLE
Bar musical ① Plan I7

Ce bar-restaurant chaleureux et convivial se cache au 1er étage de l'hôtel Belle Vue, face au Vieux-Port. On y vient pour l'apéro-tapas, les spécialités maison, le panorama et surtout la musique et son atmosphère cosy... Les mercredis et vendredis, La Caravelle accueille des groupes de jazz pour des soirées live très agréables. Les 5 tables de son minibalcon sont très vite prises d'assaut.

34, quai du Port, 2e arr. • M° Vieux-Port • ☎ 04 91 90 36 64 • www.lacaravelle-marseille.com • T.l.j. 7h-2h (tapas 18h-21h) • Cocktail : 9 €.

Le Panier et la Vieille-Charité (Quartier 2 – p. 32)

BAR DE L'HÔTEL HERMÈS
Rooftop ② Plan I7

Ça n'est pas le plus glamour ni le plus clinquant des hôtels du quartier, mais son toit-terrasse fait bien des envieux. Il réserve un panorama magique qui englobe la rade de Marseille, la Bonne Mère, le Pharo et le Mucem. Ajoutez à cela quelques concerts privés, des cocktails bien frappés et des tapas iodés en direct de Sard'In (p. 111), et vous avez la recette d'un apéro mix qui se déroule toujours à guichets fermés. Attention, ouverture estivale uniquement !

2, rue Bonneterie, 2e arr. • M° Vieux-Port • ☎ 04 96 11 63 63 • www.hotel-hermes-marseille.fr • Mai-sept. : jeu.-sam. à partir de 18h • Accès libre sur réservation.

LES BUVARDS
Bar à vins ③ Plan I7

Dans ce bistrot cosy façon cave à vins et à manger, les patrons débouchent bouteille sur bouteille. Ici, les vins sont nature, vinifiés à partir de raisins cultivés sans pesticides, et avec une fermentation sans levure. Vous n'y connaissez rien ? Fiez-vous à l'avis des patrons, toujours pleins de bons conseils. À déguster avec quelques spécialités du terroir (fromages, charcuterie, andouillettes, tartares...), c'est la promesse d'une belle soirée apéro.

34, Grand-Rue, 2e arr. • M° Vieux-Port • ☎ 04 91 90 69 98 • Lun. 16h-1h, mar.-ven. 10h-15h et 17h-2h, sam. 11h-1h • Verre de vin : de 3,50 à 5 €.

Le Capian

LE CAPIAN
Bar chic ④ Plan H6

Au 1er étage de l'ancien hôtel-Dieu, Le Capian est le bar ultra-chic de l'Intercontinental. Dans un cadre moderne inspiré par la mer et une atmosphère feutrée, on sirote un Daviel (cocktail à base de pastis, de champagne et de jus de fraise) tout en profitant de l'immense terrasse et de sa vue sur la Bonne Mère. Le Capian organise aussi des soirées à thème : électro chic le jeudi, rock le vendredi et jazz le samedi. Une adresse très « palace ».

1, pl. Daviel, 2e arr. • Mº Vieux-Port • ☎ 04 13 42 42 34 • T.l.j. 10h-1h • Verre de vin : à partir de 10 € ; cocktail : à partir de 16 €.

Le quartier de la Joliette (Quartier 4 - p. 46)

LE R2
Rooftop ⑤ Plan C2

Le R2, c'est le rooftop du centre commercial des Terrasses du Port. Un lieu magique avec une vue à 360° sur toute la ville et sur les bateaux en partance pour la Corse. Soir après soir, on profite des concerts et des DJ sets. On y vient pour se déhancher, mais les fauteuils en rotin cosy sont tout aussi parfaits pour un début de soirée apéro. Attention, ouverture soumise aux conditions climatiques (et au mistral) !

Centre commercial Les Terrasses du Port, 9, quai du Lazaret, 2e arr. • M° Vieux-Port, puis bus n° 82 (arrêt La Major) • ☎ 04 91 91 79 39 • www.airdemarseille.com • Mar.-sam. 19h-2h (uniquement en saison).

De Saint-Charles à Longchamp (Quartier 5 - p. 52)

CABARET ALÉATOIRE
Concerts, club ⑥ Plan E1

Moitié salle de concert, moitié club électro, Le Cabaret Aléatoire c'est le poumon musical de la Friche la Belle de Mai, option musiques actuelles. Justice, Gonzales, Asaf Avidan, Jeff Mills, Carl Craig, Wu Tang Clan, Ebony Bones et Joey Starr sont déjà passés entre ses murs. Tous les vendredis soirs, de 23h à 5h, c'est clubbing.

Friche la Belle de Mai, 41, rue Jobin, 3e arr. • M° Saint-Charles, puis bus n° 49 ou 52 (arrêt Belle de Mai La Friche) • ☎ 04 95 04 95 09 • www.cabaret-aleatoire.com • Tarifs et horaires selon programmation.

LATCHO TAPAS
Bar à tapas ⑦ Plan E3

Un resto de nuit : voilà comment qualifier ce nouveau bar à tapas. Depuis la cuisine à moitié ouverte, Nora mitonne des plats à picorer (calamars à la citronnelle, carottes à la ricotta, panisses, etc.) accompagnés de bouteilles de vins bio régionaux : le Coteaux du Libron des 5 Seaux est superbe ! Ambiance chaleureuse, clientèle d'habitués et cuisine ouverte jusqu'au dernier client !

1, rue Bernex, 1er arr. • M° Réformés-Canebière • ☎ 06 25 08 54 92 • Jeu.-dim. à partir de 19h30 • Bouteille de vin bio. : env. 20 €.

Cabaret Aléatoire

Les meilleurs bars POUR UN APÉRO

Envie de vous détendre autour d'un verre après une longue journée de visite et de shopping ? Voici nos adresses favorites pour un apéro réussi à coup sûr !

La Ruche

LE CAFÉ DES ARTS

Au programme : huîtres, vin blanc et coucher de soleil sur le Vieux-Port face au Mucem ! Voir p. 148.

LA DAME NOIR VII

C'est le bar chic et feutré d'un label de musique très connu à Marseille. Voir p. 148.

GASPARD

Voici le néo tiki bar qui manquait encore à Marseille ! On y savoure des cocktails élégants et détonnants. Voir p. 143.

LA RUCHE

Une adresse à la mode pour voir et être vu en buvant cocktails et vins en direct des producteurs. Voir p. 144.

LE REPAIRE DE LA POISSONNERIE

Le nouveau QG des branchés de la ville, qui viennent y partager des tapas iodés. Voir p. 146.

LONGCHAMP PALACE
Bistrot ⑧ Plan D3

Repris en 2010 par deux amis trentenaires, le Longchamp Palace est un bistrot Art déco des années 1930. Ouvert dès le matin et tard le soir, on y croise aussi bien les anciens du quartier que les touristes et les Marseillais à l'heure de l'apéro. Même le dimanche, à l'heure du brunch (16 €), il faut attendre qu'une table se libère !

22, bd Longchamp, 1er arr.
• M° Réformés-Canebière
• ☎ 04 91 50 76 13
• Lun.-mer. 8h-0h30, jeu.-sam. 8h-2h, dim. 11h-0h30.

LE CHAPITEAU
Spectacles ⑨ HP par D1

Cet ancien boulodrome de 2 700 m² se définit comme un lieu de vie culturelle et fait maison. Aménagé de bric et de broc à grand renfort de palettes et de meubles de récup', il s'y passe toujours quelque chose entre concert, démonstration de *street art*, barbecue, pétanque et hula hoop ! L'été, les familles

Longchamp Palace

débarquent aux premières heures pour profiter de ce grand espace en plein air, vite rejointes par les couche-tard attirés par le dancefloor aux sonorités électro.

38, traverse Notre-Dame-de-Bon-Secours, 3e arr. • M° Saint-Charles, puis bus n° 33 ou 34 (arrêt Plombière Arnal) • ☎ 09 52 51 48 43 • www.lechapiteau.fr • Jeu.-ven. 18h-2h, sam.-dim. 16h-2h.

Noailles et la Plaine (Quartier 6 – p. 58)

AU PETIT NICE
Bar étudiant ⑩ Plan D4

Vous ne pouvez pas manquer sa terrasse à l'angle de la rue Sibie : elle est toujours remplie. Ce bar chaleureux tenu par un ancien boxeur est une institution. Et c'est aussi le QG des étudiants : la bière pression est une des moins chères du quartier. Bruyant mais convivial : l'adresse parfaite pour l'apéro.

28, pl. Jean-Jaurès, 5e arr.
• M° Notre-Dame-du-Mont
• Lun.-jeu. 11h-2h, ven.-sam. 8h-2h
• Pastis : 1,50 € ; bière pression : 2,50 €.

LE VIDÉODROME 2
Bar, cinéma ⑪ Plan D4

C'est le rendez-vous de tous les cinéphiles de la ville. Ce vidéo-club de films rares se double depuis 2015 d'un coin librairie, d'un bistrot et d'une salle de projection. Chaque semaine, 6 films tendance « art et essai » sont programmés le soir. Avant et après chaque projection, abonnés, amateurs et étudiants se retrouvent sur la terrasse autour d'un verre pour entamer des discussions à bâtons rompus.

49, cours Julien, 6e arr. • M° Notre-Dame-du-Mont • ☎ 04 91 42 75 41 • www.videodrome2.fr • Mar., jeu. et ven. 17h-2h, mer. et sam. 15h-2h, dim. 15h-00h30 • Verre de vin : à partir de 2,50 € ; bière de la Plaine : 4,80 €.

LE BAR DU MARCHÉ
Bar de quartier ⑫ Plan D4

Branché ? Non. Mais authentique, oui ! Tous les gens du quartier s'arrêtent à sa grande terrasse ouverte dès l'aube. Les soirs de match, quand l'OM joue, les patrons installent la télé sur le trottoir et tous les clients se tournent vers elle. Le bon plan ? Commander un pastaga ou une Cagole avant de s'installer en terrasse tout en partageant une pizza « moitié-moitié » achetée dans le camion-pizza installé sur la place. Difficile de faire plus marseillais !

15, pl. Notre-Dame-du-Mont, 6e arr. • M° Notre-Dame-du-Mont • ☎ 04 13 20 32 16 • T.l.j. 6h30-minuit • Bière pression : 3,50 €.

LE PULSE
Bar gay-friendly ⑬ Plan D4

Un nouveau bar LGBT et *gay-friendly* à l'accueil vraiment cool ! On y danse toutes les fins de semaine dans une salle baignée de lasers et de boules à facettes avec des soirées DJ à base de sons électro et house. Ambiance plus lounge la semaine. L'été, on profite de sa terrasse ; l'hiver, on grimpe à l'étage pour s'installer autour des canapés.

94, cours Julien, 6e arr. • M° Notre-Dame-du-Mont • ☎ 04 96 12 08 47 • www.lepulse.fr • Mar.-sam. 16h-2h • Bière : env. 3 € ; cocktail : de 5 à 7 €.

LE PETIT PERNOD
Bar de quartier ⑭ Plan D4

Ouvert en 1925, il passe pour être le plus vieux bar du quartier. Depuis 2005, c'est Nassima qui le gère. Ouvert non-stop, ce rade resté dans son jus bat son plein dès l'heure de l'apéro. Faites comme les habitués : installez-vous autour d'un verre sur sa terrasse et filez prendre des panisses et des calamars chez Gilda, situé juste en face. Simple, authentique et vraiment chaleureux !

30, rue des Trois-Mages, 6e arr. • M° Notre-Dame-du-Mont ou Noailles • T.l.j. 5h-2h • Bière pression : 2,50 € ; pastis : 2 €.

BAR DU MAMA SHELTER
Bar, cocktails ⑮ Plan E4

Dans un quartier un peu pauvre en adresses du soir, le Mama Shelter est une valeur sûre. Entre le bar à pastis de la terrasse, la carte de cocktails qui se renouvelle chaque saison, le baby-foot géant et les soirées DJ le week-end, impossible de s'ennuyer. Un cadre ludique et un service aussi efficace qu'attentionné, pour passer un bon moment.

64, rue de la Loubière, 6e arr. • M° Notre-Dame-du-Mont ou Baille • ☎ 04 84 35 20 00 • www.mamashelter.com • T.l.j. 17h-1h • Cocktail : de 8 à 12 €.

Le quartier de la Préfecture (Quartier 7 - p. 62)

GASPARD
Bar à cocktails ⑯ Plan C4

Les puristes du cocktail ont enfin une adresse digne de ce nom à Marseille. Ici, point de mojito ou de spritz ! Lumières tamisées, murs sombres, papier peint tropical, tabourets en rotin et salon cosy à l'étage, on y sirote des breuvages maison subtils et soignés. « Le concombre masqué » avec gin, concombre, basilic, pomme et poivre du Sichuan a déjà ses aficionados.

7, bd Notre-Dame, 6e arr. • M° Estrangin Préfecture • ☎ 07 71 76 04 65 • Lun.-sam. à partir de 19h • Cocktails : 12 € (avec alcool), 6 € (sans alcool) ; guacamole : 6 €.

L'EBÉNISTERIE
Café, bar ⑰ Plan D5

Quel trentenaire marseillais n'a pas déjà passé une soirée à la cool dans ce café « guinche et graille » ouvert en 2015 ? Installé tout au fond d'une petite rue du quartier de Castellane, L'Ébénisterie cultive le sens de l'accueil et de la fête. À mi-chemin entre l'industriel et la brocante, la déco ajoute au charme des lieux. Petit plus : son patio végétal qui reste chauffé en hiver.

29, rue Louis-Maurel, 6e arr. • M° Castellane • ☎ 04 91 98 14 63 • Lun.-ven. 11h-2h, sam. 16h-2h • Verre de vin : à partir de 3 € ; cocktail de la semaine : 8,50 € ; grignote : à partir de 5 €.

Gaspard

LE BAR DE LA MARINE
Bar de quartier ⑱ Plan H8

Si vous vous installez en pleine journée au Bar de la Marine, situé face au ferry-boat, vous risquez d'y passer toute la soirée ! Après le « petit jaune » siroté sur la terrasse en regardant les bateaux du Vieux-Port, on se laisse facilement tenter par une assiette de poisson mariné, des moules-frites, des rougets ou des sardines grillées. À l'intérieur, une photo rend hommage à la célèbre « partie de cartes » tirée de la trilogie (Marius, Fanny, César) de Pagnol.
15, quai de Rive-Neuve, 7e arr. • M° Vieux-Port • ☎ 04 91 54 95 42 • T.l.j. 7h-2h.

LE PELLE-MÊLE
Bar jazzy ⑲ Plan I8

Sur la terrasse ou confortablement installé dans un fauteuil à l'étage, on profite pleinement de l'ambiance décontractée de ce bar jazzy (concert de jazz mer.-sam.). Et lorsqu'il n'y a aucun groupe prévu pour la soirée, on se laisse gentiment bercer par la musique, soul, blues ou free jazz, toujours de qualité.
8, pl. aux Huiles, 1er arr. • M° Vieux-Port • ☎ 04 91 54 85 26 • Mai-sept. : lun.-sam. 17h30-2h ; oct.-avr. : mar.-sam. 18h-2h • Cocktail : autour de 9 € ; tapas offertes 19h-21h30.

LE TROLLEY BUS
Club ⑳ Plan H8

Idéalement situé sur le Vieux-Port, dans l'ancien Arsenal des Galères, ce club est une boîte culte des années 1990. Carl Cox et Laurent Garnier ont souvent joué dans ses salles voûtées. Empruntez le long couloir central et choisissez votre salle et son ambiance : lounge, électro, soul... De quoi rassembler beaucoup de monde jusqu'au bout de la nuit.
24, quai de Rive-Neuve, 7e arr. • M° Vieux-Port • ☎ 04 91 54 30 45 • www.letrolley.com • Jeu.-sam. minuit-6h • Entrée : 10 € avec conso.

Le sud du Vieux-Port et Notre-Dame (Quartier 8 - p. 66)

LA RUCHE
Bar à cocktails ㉑ Plan B4

Depuis ses débuts en 2015, ça bourdonne sec dans cette ruche montée de toutes pièces par trois amis. Décor chic et sombre, clientèle de fidèles et de touristes option bobo. Dans les verres, place aux cocktails, la grande spécialité des lieux avec quelques créations maison comme le Flower Power, à base de gin et de framboises fraîches. Et si vous n'aimez pas les cocktails, La Ruche sert aussi des vins de petits producteurs avec des tapas. Attention, attendez-vous à jouer des coudes pour arriver jusqu'au bar : le lieu est toujours bondé !

Notre top
DES BARS D'ÉTÉ

Climat oblige, dans la cité phocéenne les soirées se déroulent au grand air dès les beaux jours venus. Entre DJ sets, apéros-mix et tapas dégustées au bord de l'eau, voici les adresses favorites de notre auteur pour un été animé.

La Friche la Belle de Mai

LA FRICHE LA BELLE DE MAI

Cinéma à la belle étoile ou DJ sets sur le toit-terrasse : les soirées d'été se suivent et ne se ressemblent pas. Voir p. 56.

ROOFTOP DE L'HÔTEL HERMÈS

Réservation obligatoire pour profiter des apéros-mix de ce toit-terrasse qui domine le Vieux-Port. Voir p. 137.

VIAGHJI DI FONFON

Instant magique garanti au pied du village du vallon des Auffes. Voir p. 149.

BAR DANS LES ARBRES

On sirote les cocktails de Carry Nation, mais cette fois dans un arbre à Aubagne, perché à 4 m de hauteur ! Voir p. 148.

128, rue Sainte, 7e arr. • Mo Vieux-Port, puis bus no 55 (arrêt Ste Petit Chantier) • ☎ 04 91 21 62 03 • www.laruche-marseille.fr • Mar.-sam. 18h-2h • Cocktail : de 9 à 12 €.

LE DUKE
Bar musical ㉒ Plan B5

C'est le bar rock'n'roll de Marseille ! Les Marseillais traversent toute la ville pour se retrouver autour d'un shooter, d'un white russian ou d'un verre de vin dans une ambiance sonore 100 % old-school. Ici, les DJ et les labels invités mixent soul, rock, funk, garage... Le mercredi, Le Duke organise aussi des blind tests, un rendez-vous très prisé. Attendez-vous à jouer des coudes pour arriver jusqu'au bar !
59, rue d'Endoume, 7e arr. • Mo Estrangin-Préfecture, bus no 61 ou 80 (arrêt Endoume-Tellène) • ☎ 04 91 90 74 21 • Mar.-sam. 18h-1h • Cocktail : 8 €.

VICTOR
Bar à bières ㉓ Plan B4

Ses 400 références attirent tous les amateurs de mousse. Même Franz-Olivier Giesbert vient s'y approvisionner ! Cette cave à bières dispose aussi d'un bar où s'accouder, de becs pression et de frigos grâce auxquels on peut déguster une centaine de bouteilles, dont des spécialités locales. Essayez La Coulée Douce, une bière blonde à l'amertume légère et au parfum de mangue étonnant ! Et avec ça ? Des planches et des grignotes à tartiner (7 € la crème de pois chiche). Bondé et bruyant chaque fin de semaine.
20, rue d'Endoume, 7e arr. • Mo Vieux-Port, puis bus no 55 (arrêt Ste Petit Chantier) • ☎ 09 86 76 47 14 • www.victor-biere.com • Mar.-jeu. 16h-22h (23h45 jeu.), ven.-sam. 10h-23h45.

LE REPAIRE DE LA POISSONNERIE
Bar branché ㉔ Plan H8

Aux manettes de ce nouveau bar iodé, on retrouve Olivier Gondran, un écailler, et Christian Mellon, l'organisateur des soirées Borderline. Une association qui rameute beaucoup de monde dans ce bar avec mezzanine. Les m^2 sont serrés, le service rapide, la faune branchée, la musique cool, les cocktails nombreux et la déco réussie. Bémol sur les assiettes en plastique et les couverts en bois qui arrivent pour déguster le tourteau...
1, rue d'Endoume, 7e arr. • Mo Vieux-Port, puis bus no 55 (arrêt Ste Petit

Chantier) • ☎ 06 09 52 99 33 • Mer.-sam. 18h-2h (23h l'hiver) • La douzaine d'huîtres : à partir de 20 €.

LE BAR DE LA RELÈVE
Bar de quartier ㉕ Plan B4

Un bout de trottoir au soleil qui ne désemplit presque jamais et qui grouille littéralement de monde à chaque fin de journée. Ca rit, ça boit, ça s'apostrophe dans la bonne humeur. À l'intérieur, c'est la même histoire. Pourquoi un tel succès ? On dit que c'est Grégoire, le patron, connu pour son humour et son carnet d'adresses.
41, rue d'Endoume, 7e arr. • M° Vieux-Port, puis bus nos 55, 61 ou 80 (arrêt St Victor) • ☎ 04 95 09 87 81 • Lun.-sam. 8h-22h • Bière : 3,50 € ; verre de vin : 4 € ; tapas : de 7 à 10 €.

LES MEMBRES
Bar à vins ㉖ Plan B4

Une cave à vins et à manger située dans les anciennes écuries du cloître de l'abbaye Saint-Victor. Dans les verres ? Une sélection de bouteilles principalement méridionales, avec des vins biodynamiques et issus d'une agriculture raisonnée. Dans les assiettes ? Des charcuteries de la boucherie voisine, du pain de Maison Saint-Honoré, des tapas et du beurre *homemade* ! Et dans la salle ? Un mélange des genres assez jeune et une ambiance bonne franquette, avec des grandes tablées et des soirées jazzy de temps en temps.
1, rue de l'Abbaye, 7e arr. • M° Vieux-Port, puis bus nos 55, 61 ou 80 (arrêt St Victor) • ☎ 04 91 12 83 20 • www.lesmembres.fr • Lun.-sam. 19h-minuit (plus tard le w.-e.) • Verre de vin : à partir de 4,50 €.

U-PERCUT
Bar jazzy ㉗ Plan H8

Sara et Esther ont ouvert ce deux en un à la fois bar à tapas et salle de concerts. Leur credo ? Le jazz et tous ses dérivés : la soul, l'électro et même le hip-hop. Plusieurs fois par semaine, elles y organisent des soirées, des cinés-concerts et des expositions. Une programmation éclectique et exigeante qui draine un public curieux, *arty* et intello.
127, rue Sainte, 7e arr. • M° Estrangin-Préfecture • ☎ 06 60 96 78 88 • www.u-percut.fr • Mar.-sam. 19h-2h • Accès libre au bar (soirées et concerts payants) • Cocktail : de 5 à 7 €.

FIETJE
Bar à bières ㉘ Plan B4

Le Fietje c'est le « pschitt » qui sort de la bouteille quand on la décapsule. Mais c'est aussi la version bar d'une cave à bières artisanales créée en 2012. Habitué de l'ambiance sombre et populaire des pubs, passez votre chemin. Fietje est un bar minimaliste logé dans une salle surmontée d'une mezzanine à la déco épurée. Son comptoir jaune et sa ligne de 10 becs à pression aimante tout le monde. Et pour étancher la faim, c'est planches au menu.
143, rue Sainte, 7e arr. • M° Vieux-Port, puis bus n° 55 (arrêt Ste Petit Chantier)

• ☎ 04 91 58 81 62 • www.fietje.fr • Mar.-mer. 17h-minuit, jeu.-sam. 18h-1h • Bière : de 3,50 à 5 €.

DANTÈS SKYLOUNGE
Rooftop ㉙ Plan B4

Dans la famille des bars d'hôtel, voici celui du Sofitel Vieux-Port. Les 150 m² de terrasse nichés au 7ᵉ étage font face au Vieux-Port : la vue panoramique est exceptionnelle ! À l'intérieur, l'ambiance est chic et lounge entre les gros fauteuils cosy, la musique *easy listening*, les cocktails au champagne et le service aux petits oignons.

36, bd Charles-Livon, 7ᵉ arr. • M° Vieux-Port, puis bus n° 83 (arrêt Fort St-Nicolas) • ☎ 04 91 15 59 00 • www.sofitel.com • T.l.j. 17h-1h • Cocktail : de 16 à 22 €.

Carry Nation

Comme lors de la Prohibition, l'adresse est tenue secrète depuis sa création en 2012. Caché dans la rue Jules-Moulet, Carry Nation redonne aux cocktails un goût de souffre et de clandestinité. L'été, son équipe de mixologues se délocalise à Aubagne dans un bar perché à 4 m de hauteur, (bien) nommé **Dans les arbres.** Une double bonne raison pour s'inscrire sur le site et avoir une chance de goûter à ces breuvages.

Rue Jules-Moulet, 6ᵉ arr. (Plan C5) • M° Estrangin Préfecture • ☎ 09 50 26 01 66 • www.carrynation.fr • Résa obligatoire sur le site.

LE CAFÉ DES ARTS
Bar à huîtres ㉚ Plan H8

Ce café tout simple dispose d'une terrasse qui vous tendra les bras à l'heure de l'apéro pour profiter d'un verre de vin accompagné d'une assiette d'huîtres (9,50 € la formule avec 6 huîtres). Situé juste à côté du théâtre de la Criée, vous y croiserez surtout des Marseillais et des gens qui sortent de spectacle.

35, quai de Rive-Neuve, 7ᵉ arr. • M° Vieux-Port, puis bus n° 82 ou 83 (arrêt Théâtre la Criée) • ☎ 04 91 33 09 83 • T.l.j. 8h30-23h.

LA DAME NOIR VII
Bar musical ㉛ Plan H8

La Dame Noir du « Cours Ju » n'est plus, vive La dame Noir VII (LdNVII) du Vieux-Port ! Ce déménagement n'a rien changé à la programmation électro de ce bar à la déco encore plus sombre et *seventies*. Des DJ résidents assurent les débuts de semaine et des artistes internationaux prennent leur relais dès le jeudi. Musique pointue, décor élégant et cocktails démoniaques. Essayez l'Alchimiste, mélange de vodka, fruits de la Passion, coriandre, gingembre et citron vert.

43, quai de Rive-Neuve, 7ᵉ arr. • M° Vieux-Port, puis bus nᵒˢ 82 ou 83 (arrêt Théâtre la Criée) • ☎ 06 22 37 44 82 • Mar.-sam. 18h-2h • Cocktail : 10 €.

CAFÉ DE L'ABBAYE
Café, bar ㉜ Plan H8

On y vient pour sa terrasse à l'ombre de Saint-Victor. Puis on se laisse griser par la vue sur le Vieux-Port et le Mucem. Et on se dit qu'il faut rester pour profiter du coucher de soleil. Son ambiance décontractée, son service au bar et ses prix serrés font le reste. Ce repaire de trentenaires et de bobos fait le plein tous les soirs. On se surprend à repartir à la fermeture en se promettant d'y revenir !

Café de l'Abbaye

3, rue d'Endoume, 7e arr. • M° Vieux-Port • ☎ 04 91 33 47 67 • T.l.j. 8h-2h • Bière pression : 3 € ; verre de vin : 2 €.

Le long de la corniche Kennedy (Quartier 9 – p. 72)

VIAGHJI DI FONFON
Bar à tapas ㉝ Plan A5

C'est l'annexe à la cool de Fonfon, célèbre restaurant de poissons et de bouillabaisse (p. 128). Ici, on profite du coucher de soleil entre les arches du pont des Auffes depuis les barils de vins installés sur la miniterrasse de Viaghji. S'il n'y a pas de place, on prend son verre de vin et ses tapas méditerranéennes, on marche 5 m, et on s'assied le long du port. Cool, on vous a dit !

138, rue du Vallon des Auffes, 7e arr. • M° Vieux-Port, puis bus n° 83 (arrêt Vallon des Auffes) • ☎ 04 91 52 78 28 • www.viaghjidifonfon.com • T.l.j. 18h-minuit (uniquement l'été) • Bouteille de vin : env. 25 €.

Les plages et les quartiers sud (Quartier 10 – p. 78)

THE RED LION
Pub ㉞ Plan p. 78

Un *hotspot* de l'après-plage ! Dès 17h, il est pris d'assaut par des hordes de jeunes, d'étudiants et de fêtards qui squattent sa longue terrasse, avec vue directe sur la baie du Prado. L'été, ça déborde de partout, jusque sur la plage ! Comme tout pub qui se respecte, il se passe toujours quelque chose ici entre concerts, retransmissions sportives et soirées à thème.

231, av. Pierre-Mendès-France, 8e arr. • M° Rond-Point du Prado, puis bus n° 19 (arrêt Les Gatons Plage) • ☎ 04 91 25 17 17 • www.pub-redlion.com • T.l.j. 16h-2h (4h sam.-dim.).

Les meilleurs lieux
OÙ DANSER

Si les soirées commencent le plus souvent tôt autour d'un apéro, Marseille n'est pas en reste pour faire vibrer le dance-floor. Soirées clubbing, électro ou lounge, vous trouverez toujours l'ambiance qui vous plaît !

LE R2

Un rooftop enflammé avec des soirées clubbing qui se terminent souvent à l'aube. Voir p. 138.

LE TROLLEY BUS

Sûrement la meilleure de toutes les discothèques de la ville ! Voir p. 144.

THE RED LION

Un pub jeune et bondé face aux plages du Prado, qui se transforme en boîte de nuit chaque fin de semaine. Voir p. 149.

LE MAMA SHELTER

Bonne humeur garantie au bar de cet hôtel design, entre soirées et DJ sets. Voir p. 142.

LE PULSE

L'adresse *gay-friendly* du cours Julien pour passer des soirées électro dans une ambiance cool. Voir p. 142.

Le R2

LE BAZAR
Club ㉟ HP par F5

En fin de semaine, on file vers ce lieu qui agite la nuit marseillaise depuis plus de 10 ans. L'hiver, la soirée débute dès 20h à l'Élysée, le *before* ouvert en face, et se poursuit dès minuit au Bazar sur des sons de techno et de deep house. L'été, Le Bazar ferme pour se concentrer sur sa Palmeraie : une immense terrasse aménagée de cabanes marocaines et de palmiers. On y danse sur une musique grand public.

90, av. Rabatau, 8e arr. • M° Rond-Point-du-Prado • ☎ 06 58 52 15 15 • www.bazarmarseille.com • Jeu.-sam. minuit-6h (ven.-sam. uniquement en hiver) • Entrée plein tarif : 20 €.

Les calanques (Quartier 11 - p. 84)

20 000 LIEUES SOUS LA BIÈRE
Pub ㊱ Plan p. 84

Sur la route des Goudes, arrêtez-vous dans ce pub. L'été, tout se passe sur sa terrasse faite de tonneaux et de tables façon pique-nique. L'hiver, on se retrouve dans la salle tout de bois vêtue équipée de jeux de fléchettes et d'une table de billard. Le service se fait au comptoir, et le pub sert en continu une petite restauration.

12, bd Alexandre Delabre, 8e arr. • M° Rond-Point-du-Prado, puis bus n° 19 et n° 20 (arrêt Les Goudes) • ☎ 04 91 25 05 24 • www.20000lieues.fr • Lun.-ven. 15h-2h, sam.-dim. 11h30-2h (f. lun. 15 sept.-21 juin) • Bière : 5 €.

L'Estaque (Quartier 13 - p. 94)

RAZZLE
Bar, club, spectacles ㊲ Plan p. 94

C'est le petit frère du Batofar à Paris : un bateau-phare de 1930 entièrement réhabilité qui s'est installé à l'Estaque avec salle de concert à la programmation contemporaine, night-club et Le Mess, un restaurant « Bar à Mets » orchestré par Alexandre Mazzia, l'un des rares étoilés de Marseille. De quoi passer toute sa soirée, de l'apéro au club, en passant par le dîner, sous le signe de la culture ! La Terrasse, couverte et chauffée, surplombe la mer et accueille pêle-mêle expositions, projections et DJ.

175, plage de l'Estaque, 16e arr. • M° Joliette, puis bus n° 35 (arrêt Estaque Riaux) • www.razzle.fr • Concert : 19h-22h30 ; club : 23h-5h (tarifs variables) • La Terrasse Phare : mai-sept. : lun.-dim. 14h-minuit ; oct.-mai : mar.-sam. 18h-minuit (accès libre) • Restaurant : mar.-sam. 12h-14h30 et 20h-22h30, dim. 12h-15h (brunch).

Sous les projecteurs

Théâtrale, colorée, bouillonnante et gouailleuse, Marseille est une ville faite pour le 7e art. Née au cinéma avec les frères Lumière, puis popularisée par Marcel Pagnol, la cité phocéenne continue d'attirer les réalisateurs : Luc Besson, Ridley Scott, Robert Guédiguian, Olivier Marchal et Cédric Jimenez y ont posé leurs caméras. Bienvenue dans un décor de cinéma.

AU TEMPS DU MUET

On doit aux **frères Lumière** la première apparition de Marseille au cinéma. En 1895, ils filment la très célèbre *Arrivée d'un train à La Ciotat*. À l'époque, la production cinématographique se limite au documentaire mais, dès 1916, elle prend une autre envergure. Plusieurs notables de la ville créent une société de production de films muets : **Phocéa-films.** Installé dans la banlieue de Marseille, c'est le premier studio de province. De nombreux films y seront tournés dans les années 1920.

Marseille sur grand écran

1931 : *Marius* d'Alexander Kordas.
1932 : *Fanny* de Marc Allégret.
1936 : *César* de Marcel Pagnol.
1940 : *La Fille du puisatier* de Marcel Pagnol.
1952 : *Manon des sources* de Marcel Pagnol.
1970 : *Borsalino* de Jacques Deray.
1984 : *Marche à l'ombre* de Michel Blanc.
1997 : *Marius et Jeannette* de Robert Guédiguian.
1998 : *Taxi* de Gérard Krawczyk.
2002 : *Marie-Jo et ses deux amours* de Robert Guédiguian.
2007 : *Le Deuxième Souffle* d'Alain Corneau.
2008 : *MR-73* d'Olivier Marchal.
2009 : *L'Immortel* de Richard Berry.
2010 : *Comme un aimant* de Akhenaton et Kamel Saleh.
2014 : *La French* de Cédric Jimenez.
2016 : *Marseille* de Kad Merad.
2017 : *Corniche Kennedy* de Dominique Cabrera.

L'EMPREINTE DE MARCEL PAGNOL

L'enfant du pays a marqué l'histoire du cinéma marseillais. Dès 1933, il fonde sa société de production, qu'il agrandit plus tard en installant un studio et des annexes techniques près de l'avenue du Prado. Il y réalise plusieurs films. En 1940, de nombreuses vedettes fuient l'Occupation, et les studios de Marseille sont, pendant quelques mois, les seuls à fonctionner en France. **Pagnol** rachète alors le **château de La Buzine** (p. 102) afin d'en faire un petit Hollywood. L'occupation allemande met un terme au projet ; Pagnol abandonne ses studios à la Libération.

Décors du château de La Buzine

LE STUDIO RICARD

En 1949, l'industriel **Paul Ricard** investit son argent pour créer une société de production cinématographique (Protis-films) et financer le tournage de *La Maison du printemps*, qui sera un des premiers films français en couleurs. Il fait construire, dans sa propriété du quartier Sainte-Marthe, un immense complexe cinématographique. Inaugurés en 1952, les **studios Ricard** permettent de réaliser en autonomie plusieurs films, dont le fameux *Honoré de Marseille* avec **Fernandel** (1956). Après une vingtaine de productions, Paul Ricard met fin à cette expérience au début des années 1960.

LE PÔLE MEDIA DE LA BELLE DE MAI

En 2004, la municipalité inaugure une structure audiovisuelle ambitieuse dans l'ancienne friche de la manufacture des tabacs (p. 56). Sur 24 000 m^2, le pôle média comprend trois plateaux de tournage, des loges, des constructions de décor, des locaux techniques et des studios de télévision (LCM). Son plus gros succès ? Les tournages du feuilleton ***Plus belle la vie.*** Grâce à ce **Pôle Média** et au **Bureau du Cinéma** créé par la Ville en 1996, Marseille est aujourd'hui fière d'accueillir chaque année plus ou moins 350 tournages, un chiffre en hausse constante. Ville la plus filmée de France juste derrière Paris, ses tournages rapporteraient 30 millions d'euros à l'économie locale.

UN DÉCOR DE RÊVE

Marseille offre des **décors naturels** cinématographiques. Parmi eux : la gare Saint-Charles et sa fameuse volée de marches immortalisée en 1988 dans le biopic de Jacques Demy sur Yves Montand, *Trois Places pour le 26* ; le petit port de pêcheurs du vallon des Auffes qu'on aperçoit dans *The French Connection* et qui fut aussi le lieu de retrouvailles de Monica Bellucci et de Jacques Dutronc en 2007 dans *Le Deuxième Souffle* ; le quartier du Panier fut le théâtre d'affrontement de deux géants – Delon et Belmondo dans *Borsalino* ; alors que l'Estaque est devenu depuis plusieurs années le terrain de jeu préféré de Robert Guédiguian. Les décors et les visages de Marseille sont tels qu'en 2017, ils ont même inspiré à Netflix sa première série française, simplement baptisée *Marseille*. Dans les rôles principaux ? Gérard Depardieu et Benoît Magimel.

Boutiques

PAR QUARTIER

Les coups de cœur DE NOTRE AUTEUR

Pour les amateurs de lèche-vitrines, notre auteur a arpenté la ville à la recherche de boutiques indépendantes et originales. Mode branchée, design, produits locaux, concept stores : elle nous livre ses adresses préférées.

MAISON EMPEREUR

Une quincaillerie mythique dans laquelle je pourrais passer des heures ! Voir p. 158.

HONORÉ DÉCO

Une boutique aussi belle qu'un magazine de déco, où j'aime aussi venir boire un café. Voir p. 179.

Honoré Déco

La Fille du Selecta

CRÉATIONS SACS MARY

Mon luxe ultime : filer dans cet atelier pour choisir le cuir, la couleur et la forme de mon prochain sac. Voir p. 180.

ESSENTIEL LIFESTORE

L'adresse pour se faire du bien et faire du bien à la planète avec des jolis produits bio et écolos. Voir p. 45.

LA FILLE DU SELECTA

Ma friperie préférée en ville : même quand je ne cherche rien, j'y trouve toujours quelque chose. Voir p. 170.

À SAVOIR

QUE RAPORTER ?

Qui dit Marseille dit **pastis** ! Si vous voulez faire plus original, misez sur les vins produits dans la région, que l'on trouve dans les quelques chais de Cassis ainsi que dans l'unique chai urbain de Marseille. Autre grand classique marseillais : les **navettes.** Côté **mode,** deux marques tirent leur épingle du jeu et font maintenant rayonner l'aura de Marseille jusqu'à New York : **Sessùn** (p. 172) pour les femmes, **Kulte** (p. 163) pour les hommes. Depuis peu, la ville cède aussi aux sirènes du **vintage** et de la **brocante** : fouinez, flânez, c'est l'occasion de ramener un souvenir vraiment unique. Enfin, pourquoi ne pas découvrir les **céramiques** et les **santons** des artisans du Panier ? À moins que vous ne préfériez glisser quelques **savons de Marseille** ou une **écharpe de l'OM** dans votre valise...

OÙ FAIRE DU SHOPPING ?

Privilégiez les boutiques indépendantes du **centre-ville** et du **Panier,** qui vous offriront davantage de surprises qu'ailleurs. Fouinez aussi dans les échoppes vintage et les magasins de créateurs du **cours Julien.** Toutefois, s'il vous manque du temps, pourquoi ne pas céder aux sirènes d'un **centre commercial** tout beau tout neuf (p. 167) ?

HORAIRES MARSEILLAIS

Ne l'oubliez pas : Marseille n'est pas une capitale. C'est une ville de province qui respecte encore parfois la **pause du midi !** Résultat, les boutiques peuvent être fermées entre 12h30 et 14h. Il n'y a que dans le centre-ville, près de l'Opéra, du Vieux-Port et de la préfecture, que les magasins ouvrent en continu et même le lundi. Concernant les créateurs, les brocanteurs et les lieux touristiques excentrés, **mieux vaut vérifier les horaires d'ouverture avant de se déplacer :** il n'est pas rare qu'ils improvisent des horaires d'hiver à la dernière minute. C'est ce qu'ils appellent avec le sourire « les horaires à la marseillaise » !

SE REPÉRER

Chaque adresse de boutique est associée à une pastille rouge numérotée. Vous retrouverez toutes les adresses positionnées sur le plan détachable.

Boutiques
PAR QUARTIER

Le Vieux-Port et la Canebière (Quartier 1 – p. 22)

VIRGINIE MONROE
Bijoux ① Plan 18

Après ses débuts à Paris, Virginie Monroe est venue installer sa fabrique de bijoux dans le Sud. Les modèles à nœuds (29 € la bague et 35 € le bracelet) et à étoiles font partie de ses grands classiques. Chaque saison, elle ajoute des nouveautés pleines de fantaisie. Laiton, feuille d'or, émail, perles de verre et de cristal : la créatrice ne s'interdit aucun matériau. Une collection raffinée légèrement influencée par les Arts déco. Comptez 465 € pour une alliance en diamants.

1, rue Pytheas, 1er arr. • M° Vieux-Port • ☎ 04 91 33 78 70 • www.virginiemonroe.com • Mar.-ven. 10h30-13h30 et 14h30-19h, sam. 10h-19h.

L'EAU DE CASSIS
Parfums ② Plan 18

1851 : Lorenzo Salvaire invente une authentique eau de Cologne à base de verveine citronnée baptisée « l'Eau de Cassis ». Aujourd'hui, son arrière-arrière-petit-fils a fait de cette Cologne et de ce nom un business florissant à base d'eau de parfums, de Cologne, de parfums d'ambiance, de bougies et de savons. Tout est encore réalisé dans la région à base de molécules naturelles. Le décor de la boutique joue sur les codes du luxe avec de grandes bonbonnes remplies de parfum, des murs sombres et une banquette pour prendre le temps de choisir son parfum.

1, rue Pythéas, 1er arr. • M° Vieux-Port • ☎ 09 81 61 16 72 • www.leaudecassis.com • Lun.-sam. 10h-19h • 55 € les 100 ml ; 35 € les 40 ml.

MARSEILLE EN VACANCES
Cadeaux ③ Plan 17-8

« No cagole », « Respect Marseille », « Mon p'tit haut noir marseillais » : les inscriptions des tee-shirts créés par la société Un Été en vacances ne manquent pas d'humour. Dans la boutique, les messages pleuvent sur les bonnets, bobs et casquettes, les tee-shirts avec ou sans manches (à partir de 19 €), les sweats d'hiver, les mugs, les magnets, la bagagerie et les coques de téléphone. Pour 1,50 €, vous pourrez même repartir avec un bracelet brésilien en tissu de couleur, mais à la marseillaise !

7, rue Bailli-de-Suffren, 1er arr. • M° Vieux-Port • ☎ 04 91 54 73 17 • www.uneteenvacances.com • Lun.-sam. 10h-19h.

Maison Empereur

SPACE
Costumes ④ Plan D3

Vous vous souvenez du film *Mesrine* de Jean-François Richet ? C'est Georges, le patron de Space, qui a fourni la plupart des costumes du film ! Selon les arrivages, il est possible de tomber sur des robes longues baba cool (39 €), sur une robe Céline des années 1980 (89 €), sur une petite veste Chanel ou Jean-Paul Gaultier, des maillots de bain de pin-up (25 €), des pantalons trompette, des blouses *fifties*, des cuirs *seventies*, des cravates, des lunettes de soleil façon Catwoman, etc. Un choix impressionnant pour hommes, femmes et enfants.

2, rue de la Grande-Armée, 1er arr. • M° Réformés-Canebière • ☎ 04 91 62 92 79 • www.spacevintage.net • Mar.-sam. 11h-13h et 15h-20h.

MAISON EMPEREUR
Mode ⑤ Plan C3-D3

Vous cherchez l'âme de Marseille ? Aventurez-vous dans le labyrinthe de cette quincaillerie installée là depuis 1827. À la tête de cette institution que tous les Marseillais fréquentent, la sixième génération de la famille Guez ! Agrandie et modernisée, elle est la seule à proposer des emporte-pièces en forme de Bonne Mère (6,90 €) ! « Quand on cherche quelque chose à Marseille, on le trouve ici ! », foi de vendeur !

4, rue des Récolettes, 1er arr. • M° Vieux-Port ou Noailles • ☎ 04 91 54 02 29 • www.empereur.fr • Lun.-sam. 9h-19h.

Marché des artisans et des producteurs bio

Pour trouver des produits locaux garantis sans pesticides, les Marseillais se donnent rendez-vous deux fois par semaine au **square Léon-Blum,** situé juste en face de la mairie de quartier du 1er et du 7e arrondissements. Depuis fin 2012, le square héberge aussi les quelques bouquinistes qui étaient autrefois installés place Carli. Au programme : livres, CD, disques et DVD d'occasion.

Pl. Léon-Blum, 1er arr. - Plan D3 • M° Noailles • Mar. et sam. 8h-13h.

ZOÉ LA FÉE CIRCUS
Mode ⑥ Plan C3

Si vous aimez les endroits chargés, *girly* et kitsch, vous allez être comblé ! Et vous adorerez vous perdre dans les moindres coins et recoins de cette boutique ultra-colorée qui fait aussi cantine, salon de thé et atelier. Sa mode dédiée aux femmes et aux enfants se concrétise par des robes à jabots, des blouses à pois multicolores, des jupes de princesse en tulle (65 €) et des bloomers en patchworks écossais. Comptez 100 € pour une robe longue et 95 € pour un short pailleté brodé de sequins. Les hommes pourront toujours prendre leur mal en patience en buvant un café sur la terrasse située dans la cour du Mémorial de la Marseillaise.
17/19, rue Thubaneau, 1er arr. • M° Noailles • ☎ 04 91 19 37 81 • www.zoelafeecircus.com • Mar.-sam. 11h-14h et 15h-19h.

MAISON MÈRE
Mode ⑦ Plan I6

Ça bouge du côté de la rue de la République ! Exemple avec cette nouvelle friperie créée en 2017 par Driss et Cyril, deux passionnés de sneakers et de culture US. C'est immense, joliment agencé et ça regorge de pépites : des jeans Lee et Levi's made in America, des bleus de travail Usinor (25 €), des vestes militaires, des robes rétro et plein de sneakers dans un état impeccable. Entre l'homme et la femme, Maison Mère a même aménagé un coin enfants !
25, rue de la République, 2e arr. • M° Vieux-Port • Lun. 14h-19h, mar.-sam. 10h-19h.

L'HERBORISTERIE DU PÈRE BLAIZE
Herboristerie ⑧ Plan D4

Depuis 1815, la famille Blaize tient cette pharmacie-herboristerie qui a gardé ses belles boiseries. Martine Bonnabel-Blaize, arrière-petite-fille du fondateur Toussaint Blaize, est aux commandes de cette institution qui prépare baumes, gélules, potions, tisanes (3,50-16 €) et autres huiles de massage pour soulager les petits maux.
4, rue Méolan, 1er arr. • M° Vieux-Port ou Noailles • ☎ 04 91 54 04 01 • www.pereblaize.fr • Mar.-sam. 9h30-18h30.

Maison Mère

Best of de la mode
BRANCHÉE

Marseille est fière de ses jeunes créateurs à succès et de ses stylistes branchés attractifs. Marseille, ville de la mode ? À en lire cette sélection pointue, tout porte à le croire !

Sessùn

MAISON MONTGRAND

Un concept store grand public niché dans un incroyable hôtel particulier. Voir p. 174.

SESSÙN

Une mode féminine qui sait saisir l'air du temps et une vraie success-story marseillaise. Voir p. 172.

JOGGING

Cette ex-boucherie a été reconvertie en un concept store avant-gardiste et pointu, doublé d'une minigalerie d'art. Voir p. 171.

KULTE

Une marque vraiment incontournable pour son graphisme, ses tee-shirts et son côté gentiment rebelle ! Voir p. 163.

MAISON MÈRE

Le nouveau repère de la « coolitude » entre fripes, sneakers et déco vintage. Voir p. 159.

Le Panier et la Vieille-Charité (Quartier 2 - p. 32)

M COMME...
Cadeaux ⑨ Plan I7

En panne d'idées cadeaux et aucune envie de revenir avec des objets trop clichés ? Direction cette petite boutique à l'accueil charmant et discret. Pêle-mêle, vous pourrez y trouver des mugs à message tout sauf kitsch, des cartes postales originales, des sérigraphies design et des illustrations modernes, des petits sacs made in Marseille et plein d'autres petits objets insolites, tous fabriqués en petite série.

32, Grand-Rue, 2e arr. • M° Vieux-Port • ☎ 06 20 77 07 52 • www.mcomme-laboutique.com • Mar.-sam. 10h-18h.

LES NAVETTES DES ACCOULES
Boulangerie ⑩ Plan H7

José Orsoni a troqué sa biscuiterie de gros contre cette petite boutique installée dans son quartier, le Panier. Dans l'arrière-boutique, il confectionne de très bonnes navettes parfumées à la fleur d'oranger et sans levure (20 €/kg), des gâteaux secs corses - *canistrelli* aux différents parfums (anis, orange...), *cucciole* au vin blanc et à l'huile d'olive - et des macarons (36 €/kg).

68, rue Caisserie, 2e arr. • M° Vieux-Port, bus n° 49 (arrêt Caisserie-Beauregard) • ☎ 04 91 90 99 42 • Lun.-sam. 9h30-19h, dim. 10h-18h.

LA BOUTIQUE MARCEL PAGNOL
Livres, films ⑪ Plan H7

Folklorique et marketing ? Non, authentique. Derrière cette nouvelle boutique du Panier, on retrouve Nicolas et Louis-Laurent, les deux-petits fils de l'écrivain né à Aubagne. Leur idée ? Moderniser l'image de leur grand-père pour perpétuer son œuvre et réinvestir les bénéfices afin de restaurer ses films. Entre livres, DVD et BD, on trouve aussi plein d'exclusivités (des plaques émaillées et des tee-shirts « Tu me fends le cœur », des affiches sérigraphiées) et quelques raretés sorties du grenier familial.

15, rue Caisserie, 2e arr. • M° Vieux-Port • ☎ 04 91 90 90 90 • www.marcel-pagnol.com • Lun. 14h-19h, mar.-dim. 10h-19h (horaires plus restreints en hiver) • BD : de 15,90 et 18,90 €.

LA COMPAGNIE DE PROVENCE
Savons, bougies ⑫ Plan I7

Dans un décor très design, le magasin marseillais de la Compagnie de Provence regroupe l'ensemble de ses produits, du savon à la bougie parfumée en passant par le lait corporel et l'eau de toilette. Son produit phare, le savon en bouteille de 500 ml (14,50 €), se décline en une dizaine de parfums : rose, pamplemousse, huile d'olive...

Au fond de la boutique, un évier permet même de les tester avant de les acheter. Malin !

1, rue Caisserie, 2e arr. • M° Vieux-Port, bus n° 49, arrêt Caisserie-Beauregard • ☎ 04 91 56 20 94 • www.compagniedeprovence.com • Dim.-jeu. 10h-13h et 14h-19h, ven.-sam. 10h-19h.

BIRD SONG
Mode ⑬ Plan H6

Bird Song, c'est la styliste My-Linh Mary. Après des débuts à Paris chez Zara et Antik Batik, elle s'est installée à Marseille en 2011 pour imaginer des collections féminines à l'esprit ethnique et bobo-chic. À nous les petites robes d'été en coton léger et coloré, les blouses brodées d'inspiration slave, les sacs en bandoulière brodés (env. 200 €), les tops en soie, les bijoux vintage et les tuniques imprimées. Une mode voyageuse et un peu folk.

5, rue du Panier, 2e arr. • M° Vieux-Port, bus n° 55, arrêt Sadi-Carnot • ☎ 06 77 16 94 16 • www.birdsong.fr • Mer.-dim. 11h-19h.

Bird Song

LE PANIER DES CRÉATEURS
Cadeaux ⑭ Plan H6

À deux pas de la Vieille-Charité, une adresse où dénicher plein d'idées cadeaux ! Différents créateurs se relaient derrière la caisse pour vous faire découvrir des objets et des accessoires fabriqués en Provence : des chapeaux aux livres de cuisine en passant par les vêtements, les bijoux et les céramiques, chaque produit a quelque chose à raconter.

11, rue Rodillat, place des Pistoles, 2e arr. • Tram n° 2 (arrêt Sadi Carnot) • ☎ 06 52 32 71 90 • Lun.-dim. 10h30-19h.

LA BOUTIQUE ÉPHÉMÈRE
Accessoires, déco ⑮ Plan H6

Impossible de savoir à l'avance de quoi sera faite cette boutique nichée entre l'hôtel-Dieu, la Vieille-Charité et le Mucem. Laure Tinel préfère travailler chaque saison selon ses envies et ses coups de cœur. À chaque fois, elle trouve un thème (une couleur, un conte d'enfant), s'en inspire et dégote des accessoires de mode et de maison qui s'y rapportent. Elle y expose aussi des choses qu'elle chine ou qu'elle rapporte de ses voyages. Surprenant et atypique. Attention, en basse saison, la boutique est souvent fermée. L'ensemble plaît tellement que la créatrice a ouvert une seconde adresse non loin de là : Whisper, à découvrir au 48, rue Saint-Laurent (G7).

20, rue du Panier, 2e arr. • M° Vieux-Port, bus n° 55 (arrêt Sadi-Carnot) • ☎ 04 91 45 47 51 ou ☎ 06 09 83 86 51 • www.laboutiqueephemere.fr • Juin-sept. : t.l.j. 11h-19h ; 15 mars-mai et oct. : jeu.-dim. 11h-19h.

LE COMPTOIR DU PANIER

Mode ⑯ **Plan H7**

L'adresse est connue pour tous ses tee-shirts pleins d'humour et de dessins à la gloire de Marseille. La créatrice de ce comptoir installé en bas des marches des Accoules propose une sélection de modèles homme, femme et enfant signés de plusieurs graphistes marseillais : 13 à l'Aise, Oputincon, Gari de Marsiho, Les Pitchounes, La Méchante Sardine... Des cadeaux tout trouvés et faciles à ramener dans ses valises. On en profite pour jeter un œil sur les collections mode et accessoires (bijoux, sacs) des stylistes locaux : Tcheka, Songo (26 € un sautoir) et Inari.

1, montée des Accoules, 2e arr. • M° Vieux-Port, bus n° 49, arrêt Place-Bargemon • ☎ 04 91 91 29 65 • www.lecomptoirdupanier.com • Lun.-sam. 10h-19h (dim. pendant les vac. scolaires).

Kulte

KULTE

Mode ⑰ **Plan I7**

Les *hipsters* marseillais ne jurent que par elle. Car au-delà de ses vêtements inspirés par les années 1950-1960, Kulte défend un lifestyle fait de musique (il existe des compils), de voyages, de collaborations (avec des créateurs, des lieux, des bières) et de produits dérivés. La marque édite même un magazine (le *Kultorama*) à chaque nouvelle collection. Ses best-sellers ? Les tee-shirts graphiques (35 €) et les *hoodies* (85 €). Mais Kulte propose une collection vraiment complète (vestes, maille, denim, chemises), ainsi qu'une ligne pour les femmes. Incontournable.

8, rue de la Loge, 2e arr. • M° Vieux-Port • ☎ 04 91 44 21 90 • www.kulte.fr • Mar.-sam. 10h30-19h.

LE BAZAR DE CÉSAR
Bières ⑱ Plan H7

C'est ici, dans l'ancienne sacristie de l'église des Accoules, que la Cagole est née. Aujourd'hui, on continue de fabriquer cette bière locale et de la vendre (3,50 € la 50 cl ; 12,50 € le pack de 6) ! Dans un décor rustique composé de meubles de récup', le Bazar vend aussi plein d'autres articles fabriqués à Marseille : les cubes du Sérail (2,50 € l'authentique de 300 g), les savons parfumés de La Licorne, et une petite gamme cosmétologique nommée Un Été en Provence. Les propriétaires possèdent aussi une boutique sur le Vieux-Port (L'Escale Marine, 22, quai du Port - I7 ☎ 04 91 91 67 42).
4, montée des Accoules, 2e arr. • M° Vieux-Port, bus n° 49 (arrêt Place-Bargemon) • ☎ 06 19 70 95 76 • www.lebazardecesar.com • T.l.j. 9h30-19h.

ATELIER ARTERRA
Santons ⑲ Plan H6

Les belles danseuses inspirées de l'Arlésienne font la réputation d'Arterra depuis sa création, en 1996. Initialement peintes en blanc, elles s'affichent maintenant en rose fuchsia, bleu océan ou jaune paille. Inutile d'attendre la crèche pour les sortir de leur boîte, ce sont de vrais objets de décoration. Une collection plus traditionnelle de santons, d'animaux et de décors de crèche s'échelonne entre 7 cm (4-32 €) et 30 cm (215-250 €) de hauteur. Les robes des danseuses s'inspirent avec précision des beaux costumes d'Arlésiennes du XVIIIe s.
15, rue du Petit-Puits, 2e arr. • M° Vieux-Port, bus n° 49 (arrêt Cathédrale-la-Major) • ☎ 04 91 91 03 31 • www.santons-arterra.com • Lun.-jeu. 9h-13h et 14h-18h, ven. 9h-13h et 14h-17h, sam. 10h-13h et 14h-18h.

LE PRÉAU DES ACCOULES
Enfants, expos ⑳ Plan H7

Les enfants sont les rois dans cet ancien collège jésuite transformé en espace d'exposition. Sous les voûtes plusieurs fois centenaires de l'ancienne salle de réunion de l'Académie de Marseille, ils découvrent des artistes en chair et en os, s'amusent à contempler leurs œuvres superbement mises en valeur dans ce bel espace, mènent parfois l'enquête et jouent à « Si j'étais conservateur de musée... » Le Préau organise régulièrement des animations, concerts et ateliers.
29, montée des Accoules, 2e arr. • M° Vieux-Port, bus n° 49, arrêt Place-Bargemon • ☎ 04 91 91 52 06 • http://preau-des-accoules.marseille.fr • Visite uniquement sur inscription par téléphone : mer. à 16h et sam. à 14h (mar.-sam. à 14h pdt vac. scolaires).

LA MAISON DU PASTIS
Pastis ㉑ Plan H7

Le pastis n'est pas seulement marseillais, il suffit de passer chez Frédéric Bernard pour s'en convaincre. Ce passionné a ouvert une boutique consacrée aux

absinthes - de nouveau autorisées depuis 1998 - et aux pastis. À côté de la production maison, plus de 60 « petits jaunes » proviennent de producteurs indépendants (env. 20 €/l) et de quelques industriels aux marques internationales.
108, quai du Port, 2e arr. • M° Vieux-Port • ☎ 04 91 90 86 77 • www.lamaisondupastis.com • Lun.-sam. 10h-19h, dim. 10h-17h.

LA PETITE FLEUR DU PANIER
Déco ㉒ **Plan H6**

Inspirée par les fleurs, Marie-Christine Markiewicz les façonne en argile et en émail, dans différents coloris (8 € la fleur). Hautes comme une renoncule ou une anémone, elles sont si jolies qu'on en mettrait dans toute la maison. Certaines ont le cœur poreux : versez-y quelques gouttes de parfum et votre intérieur embaumera. Un petit monde très bucolique !
2, rue du Petit-Puits, 2e arr. • M° Vieux-Port, bus n° 49 (arrêt Cathédrale-la-Major) • ☎ 06 20 53 40 61 • www.lapetitefleurdupanier.wordpress.com • T.l.j. 10h30-19h.

SERGE MOUTARLIER
Émaux ㉓ **Plan H6**

Serge Moutarlier, installé depuis 10 ans au Panier, fabrique lui-même ses bains d'émaux dans son arrière-boutique. Inspiré par la Méditerranée, les arbres et les animaux, il aime les tons ocre de jaune, vert, marron et rouge, mêlant facilement poésie et humour, à l'image de son derviche tourneur qui fait office de théière ! Plats, accroche-torchons, porte-savons, porte-bougies muraux, sous-

La Petite Fleur du Panier

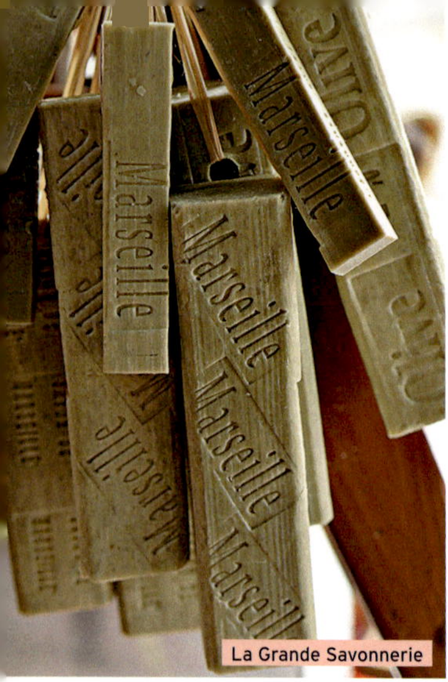

La Grande Savonnerie

verres, tous ses objets respirent le charme et la bonne humeur.

7, rue de Petit-Puits, 2e arr. • M° Vieux-Port, bus n° 49 (arrêt Cathédrale-la-Major) • ☎ 04 91 90 68 32
• www.sergemoutarlier.com
• Lun. 14h-19h, mar.-ven. 11h-12h et 14h-19h, sam. 11h-19h.

ÉTOILE ERRANTE
Céramiques ㉔ Plan H6

Laëtitia Follot travaille la faïence brune d'Aubagne ou d'Espagne. Ses objets utilitaires ont des formes inhabituelles, comme ces jolies tasses suspendues et leur bâton-cuillère (16 €). Rouge et vert, gris et blanc sont ses couleurs. La jeune céramiste travaille également des pièces plus imposantes : sa carte de la Méditerranée entièrement émaillée est vraiment superbe !

20, pl. des Pistoles, 2e arr. • M° Vieux-Port, bus n° 49 (arrêt Cathédrale-la-Major) • ☎ 06 26 84 16 60
• www.etoile.errante.over-blog.com
• T.l.j. 10h-13h et 14h-19h.

LA GRANDE SAVONNERIE
Savons ㉕ Plan I7

Envie de connaître les secrets de fabrication du savon de Marseille ? Fabrication, moulage, découpage, estampillage : ici, tout est fait sur place. Vous deviendrez vite incollable sur le vrai savon de Marseille. D'autant que Sylvain, le maître savonnier des lieux, propose aussi des cours pour apprendre à faire des cosmétiques (29 € la formation) ou des produits d'entretien. Pédagogique et ludique.

36, Grand-Rue, 2e arr. • M° Vieux-Port
• ☎ 09 50 63 80 35
• www.lagrandesavonnerie.com et www.ateliersdeprovence.com (vente en ligne)
• Lun.-sam. 10h-19h30.

SANTONS ESCOFFIER
Santons ㉖ Plan H7

La tradition provençale des crèches de Noël, c'est le credo des Santons Escoffier installés à Marseille sur le Vieux-Port. Le mouton, le roi mage, le chasseur, l'âne, la Vierge Marie... : ils sont tous là. Les prix démarrent à 5 € pour un santon en argile de 2 cm de haut et montent jusqu'à plus de 70 € pour les formats de 12 cm !

96, quai du Port, 2e arr. • M° Vieux-Port
• ☎ 04 91 90 17 69
• www.santons-escoffier.com
• Mar.-sam. 10h-12h et 14h-19h.

Le Mucem et la Major (Quartier 3 - p. 40)

ESPACE CÉLADON
Artisanat d'art ㉗ Plan H6

Créée en 2000, cette association d'artistes a trouvé refuge dans un atelier du Panier. Aujourd'hui, ils sont six à se partager les lieux pour travailler, exposer et donner des cours. Claudia Serantes, une designer qui recycle du métal pour en faire des bijoux et des lampes ; Francien Jongsma, Anna Rommel Veverca et Charlotte Couraleau, qui travaillent la mosaïque ; et il y a surtout Tehua Desseoix et Annie Combe, toutes deux céramistes. Un lieu chaleureux aux prix raisonnables : de 12 à 15 € le cours de 2h.

40, rue Sainte-Françoise, 2e arr. • M° Vieux-Port, bus n° 49 (arrêt Cathédrale-la-Major) • ☎ 04 91 90 89 26 • www.atelier-celadon.com • T.l.j. 10h-19h.

MAKADAM BAZAR VINTAGE
Brocante ㉘ Plan H6

Si l'établissement est fermé, c'est très certainement que la créatrice de Makadam est partie chiner dans le Lubéron tout proche de quoi alimenter son blog et sa boutique. Sur place, vous trouverez beaucoup de mobilier en rotin, mais aussi des globes lumineux (45 €), des livres d'enfant vintage, des sacs en paille à l'effigie de Pernod, ainsi qu'un *corner* de vêtements et d'accessoires rétro (on y a déjà vu une robe Jean-Louis Scherrer à 38 € !).

25, rue de l'Évêché, 2e arr. • M° Vieux-Port, bus n° 49 (arrêt Tourette-Cathédrale) • ☎ 06 18 43 66 32 • www.makadam.bazar.over-blog.com • Ven.-lun. 12h-19h.

Le boom des centres commerciaux à Marseille

À la fin des années 2000, les boutiques du centre-ville n'avaient quasiment pas de concurrence, à l'exception du centre Plan-de-Campagne, assez éloigné, et du petit Centre-Bourse de la Canebière. Depuis quelques années, la donne a changé et les centres commerciaux se sont multipliés : la tendance a commencé avec **Les Terrasses du Port** (p. 49), puis **Les Docks** (p. 47), dans le quartier de la Joliette. Dernier projet sorti de terre : l'ouverture du **Prado-Vélodrome** début 2018, juste à côté du stade Vélodrome (p. 83). Installées historiquement à Saint-Ferréol, les Galeries Lafayette vont y déménager. Un coup dur supplémentaire pour les commerces de l'hyper-centre, qui comptent sur la redynamisation de la rue de la République pour riposter.

MICROCOSMOS
Vins ㉙ Plan H6

C'est l'unique chai urbain de Marseille. À sa tête, un couple de passionnés : Fabienne et Lukas Völlmy. Ensemble, ils élaborent sur place des microcuvées de rouge, de blanc et de rosé à partir de raisins vendangés à la main en Provence (de 10 à 15 € la bouteille de vin bio). Pédagogues et didactiques, ils vous apprendront à apprécier leurs vins. Une adresse à visiter pour tous ceux qui pensent qu'il n'y a que le pastis à Marseille !

42, rue de l'Évêché, 2e arr. • M° Vieux-Port, bus n° 49 (arrêt Tourette-Cathédrale) • ☎ 06 87 15 60 98 • www.microcosmoschaiurbain.com • Lun.-ven. 17h30-19h30.

VOIR AUSSI :

Essentiel Lifestore | p. 45 | ㉚ Plan G6

Noailles et la Plaine (Quartier 6 - p. 58)

SAVONNERIE MARSEILLAISE DE LA LICORNE
Savons ㉛ Plan D4

Cette savonnerie artisanale s'est installée en 1998 dans le quartier du cours Julien. Aux commandes, la famille Bruna, qui travaille sur des machines de plus de 100 ans qu'elle a plaisir à montrer aux clients de passage. Au magasin, vous trouverez des savons aux pépins de raisin, aux senteurs de Provence et même au pastis, réalisés avec les parfumeurs de Grasse. Comptez 25 € la boîte de neuf cubes.

• 34, cours Julien, 6e arr. • M° Noailles • ☎ 04 96 12 00 91 • Lun.-ven. 9h-19h, sam. 10h-19h • Visite gratuite atelier de fabrication à 11h, 15h et 16h • 24, quai de Rive-Neuve, 7e arr. - H8 • M° Vieux-Port • ☎ 04 91 59 43 58 • T.l.j. 10h-20h • www.savon-de-marseille-licorne.com

L'ENTREPÔT
Déco, design ㉜ Plan D4

Selon les arrivages, on trouve ici des lampes design, des fauteuils Acapulco, des tables à pieds compas, des tapis en matières recyclées, du linge de maison, des vases et des objets taillés pour le quotidien. Les prix démarrent à 5 € et grimpent jusqu'à 700 € pour un buffet. Au moment de Noël, la boutique regorge de gadgets rigolos et d'idées cadeaux à prix sympas.

13, rue Pastoret, 6e arr. • M° Notre-Dame-du-Mont • ☎ 04 91 92 61 81 • www.lentrepotmarseille.com • Mar.-sam. 10h30-13h et 14h-19h15.

CINÉSUD
Affiches ㉝ Plan D4

L'endroit ne ressemble à rien, la moquette est élimée, mais là n'est pas l'essentiel : depuis

Notre top GOURMAND

Navettes, pastis, confiseries et même vins... Les boutiques de la ville regorgent de spécialités en tout genre qui mettront votre gourmandise à rude épreuve. Parmi elles, voici les préférées de notre auteur.

Les Navettes des Accoules

DEBOUT

Un torréfacteur historique qui confectionne également la meilleure barre marseillaise de la ville (une spécialité locale de praliné feuilleté). Voir p. 178.

LES NAVETTES DES ACCOULES

On devient vite accro aux navettes de José Orsoni, à ses croquants et à ses *canistrelli*. Voir p. 161.

LA MAISON DU PASTIS

Le plus grand choix de « petits jaunes » et d'absinthes, avec de nombreuses bouteilles artisanales. Voir p. 164.

MICROCOSMOS

Du vin made in Marseille ? Direction ce chai urbain planqué dans le quartier du Panier. Voir p. 168.

1997, Éric propose sur le cours Julien un fonds incroyable d'affiches de cinéma en tout genre (plus de 30 000 au total !). Que des originales. Tout est répertorié par genres, par pays et par ordre alphabétique. Les affiches récentes sont à partir de 16 € (format 120 x 160 cm), mais plus les affiches sont anciennes, rares et recherchées, plus les prix s'envolent.

19, cours Julien, 6e arr. • M° Notre-Dame-du-Mont • ☎ 04 91 48 66 34 • www.cinesud-affiches.com • Mar.-sam. 11h30-19h.

AU PIED DE POULE
Friperie ㉞ Plan D4

L'endroit ressemble plus à une grotte qu'à une boutique, mais qu'importe ! Ça fait partie du charme. Comédien et collectionneur dans l'âme, Nacer a ouvert cette « friperie » pour essayer de se débarrasser de tout ce qui l'encombre. Les clientes du quartier adorent farfouiller dans ses stocks pour dénicher des robes à pois, des Perfecto, des jeans, des chapeaux ou des escarpins, sans oublier de se faire conseiller par le maître des lieux, qui ne demande que ça ! Beaucoup d'articles autour de 15 €.
29, rue Estelle, 6e arr. • M° Notre-Dame-du-Mont • ☎ 06 99 23 85 41 • Mar. 11h-12h30 et 14h30-18h30, jeu.-ven. 10h30-12h30 et 14h30-18h30, sam. 10h-12h30 et 14h-19h.

CHERRY BONES
Sacs, accessoires ㉟ Plan D4

Cherry Bones, alias Sylvie Vogl, est une hyperactive douée de ses mains. Toute la journée, vous la verrez découper des cuirs irisés et coudre des tissus Liberty. Le résultat ? Des sacs délicats et des pochettes astucieuses, des bijoux colorés et poétiques tous quasi uniques. Tout ça à des prix plus

Cherry Bones

que raisonnables : 12 € la pochette en tissu, 15 € le porte-cartes en cuir, 20 € les boucles d'oreilles et entre 35 et 69 € les sacs !
28, rue Pastoret, 6e arr. • M° Notre-Dame-du-Mont • ☎ 06 62 74 48 22 • Mar.-sam. 10h-19h.

LA FILLE DU SELECTA
Friperie ㊱ Plan D4

La Fille du Selecta est une chineuse qui s'appelle Aurélia. Modéliste de formation, sensible à l'écologie et à l'éthique, contre l'industrialisation et le made in China, elle bannit tous les vêtements post-années 1980. Dans un décor bricolé avec trois fois rien, on croise des bermudas Fila (19 €), des combis jaunes, des jupes évasées (15 € en moyenne), des sacs cartable et des baskets en toile (25 €). Les arrivages sont permanents, et chaque pièce qui entre est scrupuleusement lavée au savon de Marseille, reprisée et customisée si nécessaire. Depuis 2017, Aurélie a ouvert une seconde boutique dans le même esprit, mais avec de la déco vintage en plus ! Rendez-vous à La Croisée des Chemins au 19, rue André-Poggioli (D4).

15, rue des Trois-Mages, 6e arr. • M° Notre-Dame-du-Mont • ☎ 06 07 97 80 99 • Mar.-sam. 13h-19h30.

BATAILLE
Épicerie fine ㊲ Plan D4

Depuis plus de 60 ans, cette épicerie fine régale tous les Marseillais de produits régionaux et extra-régionaux. Les papilles sont à la fête face aux quantités de produits proposés : bocaux de bouillabaisse (19 €) et de soupe de poissons, saucissons corses, pieds paquets, sardines, poutargue, saumon sauvage (une denrée rare en ville), calissons d'Aix, navettes de M. Orsini et macarons. Sans oublier l'incroyable rayon fromager où il est possible de trouver les brousses du Rove, les vraies, celles de M. Gouiran ! L'épicerie fine fait aussi resto le midi.

18, rue Fontange, 6e arr. • M° Notre-Dame-du-Mont • ☎ 04 91 47 06 23 • Lun.-sam. 8h30-19h30, dim. 9h-13h.

SEPIA SWING CLUB
Friperie ㊳ Plan D4

Dans la famille des friperies marseillaises, voilà la petite dernière. Ce qu'elle a de plus ? Un goût très sûr, une panoplie triée sur le volet et très large qui va des années 1930 aux *seventies*. Comparée à d'autres, on y trouve aussi un très joli rayon de lingerie féminine et de déshabillés. Sans compter les santiags, une des obsessions de Marion, la créatrice des lieux !

38, rue des Trois-Mages, 6e arr. • M° Notre-Dame-du-Mont • ☎ 06 64 20 32 31 • Mar.-sam. 11h-20h.

Le quartier de la Préfecture (Quartier 7 - p. 62)

JOGGING
Concept store ㊴ Plan D5

De la mode, du design, des créateurs internationaux, du lifestyle et de l'art ! Ce concept store installé dans une ancienne boucherie, dont il subsiste des vestiges (cherchez les crochets sur les murs), fait souffler un grand vent de modernité et d'avant-garde sur Marseille. La sélection est pointue, jolie mais forcément un peu chère ! Dernier ajout en date : la gastronomie, avec l'ouverture chaque été d'un resto façon *pop-up* planqué dans l'arrière-cour bucolique des lieux.

103, rue Paradis, 6e arr. • M° Estrangin Préfecture • ☎ 04 91 81 44 94 • www.joggingjogging.com • Lun. 11h-19h, mar.-sam. 10h30-19h.

CAPSULE STORE
Mode ⑩ Plan I8

Un espace riquiqui dans un décor noir et blanc pour une sélection féminine et tendance : voilà l'esprit de ce Capsule Store tenu par Katia. Modeuse et amoureuse des belles choses, elle invite dans sa boutique tout ce qui lui plaît : de la mode (sweats Leon & Harper à 100 €), des créateurs scandinaves, des foulards en soie et en coton, des maillots de bain Albertine, des bijoux, des *headbands*, de la maroquinerie, des chaussons, des ceintures... Même les hommes peuvent trouver leur bonheur en fouinant entre les lampes, les coussins et les pochettes pour ordis de la marque Pijama.

32, rue Sainte, 1er arr. • M° Vieux-Port • ☎ 04 88 08 24 88 • www.capsulestore.fr • Mar.-sam. 10h30-19h.

SESSÙN
Mode ㊶ Plan C4

Enfin ! Emma François, styliste de la célèbre marque Sessùn, qui fait fureur de New York à Paris, a ouvert boutique dans sa ville. Sa mode, à la fois raffinée et décontractée, va à toutes les femmes : pulls en maille rayés, sweat-shirts à capuche, petits hauts ajustés à porter sur un jean, robes légères et décolletées... un style Côte d'Azur épuré. Comptez 100 € pour une blouse.

6, rue Sainte, 1er arr. M° Vieux-Port • ☎ 04 91 52 33 61 • www.sessun.com • Lun. 13h-19h, mar.-sam. 10h-19h.

POMPONETTE
Sacs, accessoires ㊷ Plan C5

Pomponette est une entreprise familiale née à Marseille. Béatrice la mère et Camille la fille travaillent main dans la main pour imaginer des collections de sacs (160-200 €), de cabas et d'étoles entièrement réalisées en patchwork coupé dans des tissus variés (tweed, dentelle, soie, prince-de-galles...) et ultra-colorés. C'est joyeux et chargé, et les Marseillaises en raffolent ! Dans cette boutique-atelier, elles vendent aussi quelques modèles de robes et de tuniques.

72, rue de Breteuil, 6e arr. • M° Estrangin-Préfecture • ☎ 04 91 53 34 26 • www.pomponette.fr • Lun. 14h-19h, mar.-sam. 10h-12h30 et 14h-19h.

POP CORNER
Cadeaux ㊸ Plan D5

Envie de cadeaux, de couleurs, de bijoux et d'accessoires en tout genre ? Il y a fort à parier que vous ne repartirez pas les mains vides de Pop Corner. Sa créatrice mélange best-sellers (sacs Bensimon et poufs Tam Tam), coups de cœur saisonniers et créateurs régionaux (tee-shirts Drolatic, bijoux de Jeanne Pomaret et de Songe d'Elfes, 25 € les boucles d'oreille). Il y en a pour tous les goûts et tous les budgets.

30, rue du Dr-Fiolle, 6e arr. • M° Castellane • ☎ 04 91 53 55 78 • Lun. 14h30-19h, mar.-sam. 10h-13h30 et 14h30-19h.

Pop Corner

LE DÉPÔT
Dépôt-vente (44) Plan D5

Alexandre et François Tarrazi sont frères. Avec un père antiquaire et une mère dans le vintage, ils savent de quoi ils parlent. Leur dépôt-vente s'adresse autant aux connaisseurs qu'aux curieux. Sélection chic et sportwear : chaussures Church et Ferragamo, sacs Marc Jacobs, costumes Saint-Laurent époque Tom Ford, smokings YSL... Le tout à des prix défiant toute concurrence : 95 € le jean Dior, 180 € la chemise Hermès, entre 40 et 60 € le pull en cachemire. Quelques meubles et objets chinés complètent leur univers 100 % masculin.

24, rue Saint-Jacques, 6e arr.
• Mº Estrangin-Préfecture
• ☎ 06 22 92 16 70
• Mar.-ven. 10h-13h et 15h-19h, sam. 10h-12h et 14h-19h.

LE DIABLE MÉRIDIEN
Maroquinerie (45) Plan D4

Voilà une adresse qui plaît autant aux hommes qu'aux femmes, aux bobos qu'aux bourgeois. Connu pour sa sélection bien sentie de sacs et de maroquinerie, l'endroit - petit mais bien rempli - propose aussi papeterie, foulards, stylos, bijoux, montres, bougies et vêtements (tee-shirts Drolatic, jeans Leon & Harper, gilet Mr Lacenaire). Le lieu privilégie les marques avec des démarches éthiques comme le prouve la présence de Veja, des sacs Bleu de Chauffe tous fabriqués en France et des sacs en bâche recyclée de Freitag. De 4 à 600 €.

8, rue Edmond-Rostand, 6e arr.
• Mº Estrangin-Préfecture
• ☎ 04 91 53 26 42
• www.lediablemeridien.com
• Lun.-sam. 10h30-19h.

Mobile de Curiosités

MOBILE DE CURIOSITÉS
Déco 46 Plan D5

De l'imprévu et de l'utile, du précieux et de l'accessoire : voilà le leitmotiv de cette boutique cosy. La sélection change souvent, mais il y a de fortes chances pour que vous trouviez lors de votre passage des accessoires sérigraphiés de Maison Georgette (31 € les pochettes), des objets design de Hay (13 € le sablier de 3 min), des lampes Colonel, des cahiers Papier Tigre, de la vaisselle en plastique coloré Rice et des bijoux brodés Macon & Lesquoy.
159, rue Paradis, 6e arr. • M° Estrangin-Préfecture • ☎ 04 91 94 23 87 • www.mobiledecuriosites.com • Lun.-ven. 10h30-19h, sam. 10h30-13h et 14h30-19h.

GAS
Bijoux 47 Plan D5

La célèbre marque de bijoux fantaisie fait partie de ces réussites marseillaises qui ont largement dépassé la reconnaissance locale. Vendue à New York et Paris, Gas s'est fait connaître avec ses petites breloques qui tournent si joliment sur le poignet. Sautoirs en perles et pompons (120-225 €), ras-du-cou (80-340 €) et bracelets-fleurs ont rejoint les collections précédentes dans sa boîte à bijoux. Près du joli patio qui clôt la boutique, on découvre les vêtements dessinés par Marie, fille d'André Gas, créateur de la marque : d'inspiration vintage, ils mêlent soie et dentelle, voile et jersey avec beaucoup de légèreté.
106, rue Paradis, 6e arr. • M° Estrangin-Préfecture • ☎ 04 91 04 65 35 • www.gasbijoux.com • Lun.-sam. 10h30-19h.

MAISON MONTGRAND
Concept store 48 Plan C4

Nichée dans un magnifique hôtel particulier du centre-ville, cette maison est un lieu de vie hybride. À la fois hôtel, restaurant, salon de thé, jardin caché, institut de beauté, salle de sport, elle abrite aussi un mini concept store rempli d'objets de créateurs et de petites marques. Entre cosmétique, papeterie, bijoux, lunettes, photos, coussins et tee-shirts brodés de messages marseillais : tout ou presque est l'œuvre de créateurs locaux.

35, rue Montgrand, 6e arr. • Mo Estrangin Préfecture • ☎ 04 91 00 35 21 • www.jardin-montgrand.com • Lun.-sam. 10h-19h.

TITRE
Librairie, déco ⑲ Plan D4

À la base, Marion voulait n'ouvrir qu'une librairie. Aujourd'hui, dans ce grand espace immaculé, on trouve toujours plein de livres, mais on y pioche aussi des accessoires de mode et de déco. Au choix : des sacs Nat et Nin (à partir de 80 €), du mobilier en rotin, des objets scandinaves et de la vaisselle Bloomingville. Au fond, une alcôve est réservée aux enfants : coussins Mimi'lou, textiles Petit Pan, guirlandes La Case de Cousin Paul.

Les Minots de Marseille

24, rue Sylvabelle, 6e arr. • Mo Estrangin-Préfecture • ☎ 04 91 53 93 52 • Mar.-sam. 11h-19h.

LES MINOTS DE MARSEILLE
Jouets ㊿ Plan I8

Spécialiste du jouet en bois, cette boutique possède une belle collection de fermes, de châteaux et de maisons à monter, et un nombre impressionnant de personnages et de figurines en plastique (5 €) : un élevage complet d'animaux de la ferme, des chevaliers en armure, des stars cinématographiques tels le jeune Kirikou, Droopy ou Zorro… Ne manquez pas les boules de neige qui mettent en scène le Petit Prince ou un amusant éléphant, elles sont étonnantes !
22, pl. aux Huiles, 7e arr. • Mo Vieux-Port • ☎ 04 96 11 00 16 • www.lesminots.eu • Lun.-sam. 10h-19h, dim. 11h-15h.

UN OURS À LA MER
Enfants (51) Plan I8

C'est la boutique de référence pour tout ce qui touche aux enfants et aux nouveaux-nés à Marseille. Dans un décor industriel et épuré se cachent des valeurs sûres (derbys Start Rite à 77 €) et des marques de créateurs : les baskets Golden Goose, les tuniques Bonton, les jeans Finger in the Nose et les doudounes poids plume Jott. La mode est au rez-de-chaussée. L'étage est réservé au mobilier, à la puériculture

Nos boutiques MADE IN MARSEILLE

Si l'artisanat traditionnel perdure dans la cité phocéenne grâce à des symboles forts tel le savon de Marseille, il n'est pas toujours facile pour le visiteur de démêler le vrai du faux. Alors, que vous souhaitiez rapporter dans votre valise un cadeau typique de la ville ou une trouvaille plus insolite, suivez les conseils avisés de notre auteur.

LA BOUTIQUE MARCEL PAGNOL

Quand les petits-fils de Marcel Pagnol consacrent une boutique à leur grand-père, exclusivités et raretés à la clé. Voir p. 161.

M COMME...

L'endroit parfait pour rapporter un souvenir design de Marseille ! Voir p. 161.

SAVONNERIE MARSEILLAISE LA LICORNE

Avec elle, pas d'erreur possible sur la marchandise : ses savons sont garantis 100 % made in Marseille. Voir p. 168.

LA BOULE BLEUE

Le passage obligé des amateurs de pétanque pour repartir avec un jeu de boules gravé à son nom ! Voir p. 181.

L'HERBORISTERIE DU PÈRE BLAIZE

Quoi de plus local qu'une infusion concoctée dans cette herboristerie historique de Noailles ? Voir p. 159.

L'Herboristerie du Père Blaize

et aux jouets. Impossible de ne pas y trouver son bonheur.
69, rue Francis-Davso, 1er arr.
• M° Vieux-Port • ☎ 04 91 33 42 10
• Lun.-sam. 10h-19h.

LA MAISON MARSEILLAISE
Déco (52) Plan C4

Delphine Blanc a joliment aménagé cette ancienne épicerie où elle expose des meubles chinés à droite et à gauche. Bruts ou repeints selon l'inspiration, ils servent de support à ses coups de cœur, objets contemporains de déco et objets du quotidien : radios Tivoli, lampes Jieldé, maroquinerie, bijoux...
38, rue Francis Davso, 1er arr.
• M° Vieux-Port • ☎ 04 91 55 54 43
• Lun.-sam. 10h-19h.

L'AUTRE ORNITHORYNQUE
Meubles, déco (53) Plan I8

Il y avait déjà L'Ornithorynque de la rue Lulli pour les petits objets de déco, les cadeaux, les accessoires et les articles insolites. Il y a maintenant cette deuxième boutique, davantage dédiée aux meubles et aux peintures. La sélection est plutôt éclectique : baby-foot, lettres d'imprimerie, fauteuils pop, miroirs trois faces à l'ancienne (175 €), tabourets de bar, cantines en métal de toutes les couleurs... Un mélange ultramoderne.
55, rue Sainte, 1er arr. • M° Vieux-Port
• ☎ 09 83 45 22 92

Dromel-Ainé

• www.lornithorynque.fr • Mar.-ven. 11h-14h et 15h-19h, sam. 10h-19h.

DROMEL-AINÉ
Confiserie (54) Plan D5

Christophe Corsiglia, fils du grand spécialiste des marrons glacés (marque de fabrique Corsiglia-Facor), tient les rênes de la célèbre maison Dromel-Ainé créée en 1760 pour faire connaître aux Marseillais les saveurs d'outre-mer. Dans sa boutique marseillaise, il propose une belle sélection de thés, de cafés, de chocolats et de friandises, dont les divins marrons glacés (18,35 € le ballotin de 250 g).
19, av. du Prado, 6e arr. • M° Castellane
• ☎ 04 91 80 08 08
• www.dromel-aine.com
• Lun. 9h30-19h, mar.-sam. 9h-19h.

LE MARSEILLAIS
Cadeaux (55) Plan I8

Comme l'indique l'enseigne de ce magasin installé juste derrière le Vieux-Port, vous trouverez ici une production complète de vêtements et d'accessoires griffés Marseille, pour petits et grands. Créé il y a 4 ans, Le Marseillais s'est fait connaître avec ses jolis tee-shirts et vêtements marins rayés bleu et blanc (20 € le tee-shirt, 40 € la marinière). Depuis, son petit monde s'est agrandi : vaisselle, draps de bain, arts de la table, bandes dessinées, basiques autour de la mer (bobs, casquettes, tee-shirts, vareuses...). Deux nouvelles collections par an.

8, quai de Rive-Neuve, 1er arr. • M° Vieux-Port • ☎ 04 91 33 22 10 • www.lemarseillais.eu • T.l.j. 10h-13h et 14h-19h.

EMMA PILL
Bijoux (56) Plan D4

Exit Montreuil et la vie parisienne : Emma Pill a déménagé son atelier-showroom dans cette rue de Marseille. Ouverte au public et aménagée façon boudoir baroque, on y trouve quantité de bijoux *girly* et poétiques : des sautoirs avec des plumes et des ailes d'ange, des bracelets plaqué or (96-120 €), des boucles d'oreilles (30-50 € selon les modèles) avec des perles et des pampilles. L'ensemble est fin, féminin et aérien.

5, rue Grignan, 6e arr. • M° Notre-Dame-du-Mont ou Estrangin-Préfecture • ☎ 04 91 61 06 27 • www.emmapill.com • Mar.-sam. 11h-19h.

DEBOUT
Torréfacteur (57) Plan I8

Depuis 1932, les Marseillais se transmettent l'adresse de ce torréfacteur. Aujourd'hui, les 25 variétés de cafés (env. 5 €/250 g) venus du monde entier sont complétées par une soixantaine de thés et par une sélection de chocolats maison. Quelques tables en terrasse pour déguster, prises d'assaut dès qu'il fait beau.

46, rue Francis-Davso, 1er arr. • M° Vieux-Port • ☎ 04 91 33 00 12 • Lun.-sam. 9h30-19h.

AMERICAN VINTAGE
Mode homme (58) Plan C4

C'est ici qu'American Vintage a ouvert sa toute première boutique en 2007 avant que ses tee-shirts en coton tout doux ne fassent sa réputation partout dans le monde. Depuis 2012, cette boutique-là est entièrement consacrée aux collections homme : des basiques (tee-shirts, pulls, cardigans, chemises, etc.) faussement classiques, tous réalisés à partir de matières naturelles : énormément de coton, mais aussi de la soie et de la laine l'hiver. Le prix des tee-shirts démarre à 35 €, celui des pulls à 80 €.

10, rue Sainte, 1er arr. • M° Estrangin-Préfecture • ☎ 04 91 33 02 26 • www.am-vintage.com • Lun.-sam. 10h-19h.

American Vintage

Le sud du Vieux-Port et Notre-Dame (Quartier 8 – p. 66)

LE FOUR DES NAVETTES
Boulangerie 59 Plan B4

La plus vieille boulangerie de Marseille affiche avec fierté son année de naissance : 1781 ! C'est la spécialiste des navettes, gâteaux secs en forme de barque allongée créés pour les fêtes de la Chandeleur et dont la recette est toujours gardée secrète. Pains et gâteaux traditionnels, dont la célèbre pompe à l'huile, l'un des treize desserts provençaux de Noël, sont aussi fabriqués dans le four plus de deux fois centenaire.

136, rue Sainte, 7e arr. • M° Vieux-Port, puis bus n° 55 (arrêt Ste Petit Chantier) • ☎ 04 91 33 32 12 • www.fourdesnavettes.com • Lun.-sam. 7h-20h, dim. 9h-13h et 15h-19h30 • Navettes : 10 € la douzaine.

HONORÉ DÉCO
Déco, design 60 Plan H8

L'ancien atelier de création d'Ingrid, la fille, et d'Annick, la mère, s'est transformé en une immense boutique façon loft. À l'intérieur, de la déco chic, naturelle et trendy : mobilier en bois artisanal et en cuir, fauteuils *fifties* en cuir et corde, lampes scandinaves en osier et laiton ou en rafia (à partir de 75 €), vaisselle en bois de citronnier ou de noyer, linge de lit en coton. Depuis 2017, la boutique accueille aussi EGG, une sélection de fripes vintage d'Elsa Giribone, la deuxième fille d'Annick !

121, rue Sainte, 7e arr. • M° Vieux-Port • ☎ 04 91 33 08 34 • www.honoredeco.com • Mar.-ven. 10h30-13h et 14h-18h30, sam. 11h-19h.

Homenibus

LA NOUVELLE
Sous-vêtements ⑥① Plan B5

La créatrice Alix de Moussac a ouvert depuis peu un atelier-boutique à Marseille où elle invente un univers de dessous féminins peuplé de culottes rétro en soie, de bandeaux sportswear aux couleurs pastel, de combishorts en voile de coton, de bodys en tulle ou en dentelle et de maillots de bain ultra chic. Tout est fait en France entre Marseille et Paris, et s'affiche à des prix qui frisent les 100 € pour les bodys.

13, rue Decazes, 7e arr.
• M° Estrangin-Préfecture
• ☎ 04 13 63 01 38
• www.lingerielanouvelle.com
• Lun.-mar. et jeu.-ven. 9h30-18h.

HOMENIBUS
Concept store ⑥② Plan C5

Curieux et touche-à-tout, Julien a d'abord fait carrière dans les assurances avant de se reconvertir et d'ouvrir cette boutique-appartement. Le dépôt-vente homme qu'il avait envie de créer au début s'est métamorphosé en un concept store mi-déco, mi-fashion, mi-vintage. Dans le dressing des femmes, Iro côtoie Sessùn et Bash. Dans celui des hommes, place à Kulte, Homecore et American Vintage. Tout se mélange et tout est à vendre : les affiches qui sont aux murs (90-140 € encadrées, sinon 70 €), le mobilier scandinave, les téléphones à écouteurs, les livres, les lunettes, les bijoux et les projecteurs de cinéma.

36, bd Notre-Dame, 6e arr.
• M° Estrangin-Préfecture
• ☎ 04 91 54 24 29
• Mar.-sam. 10h-13h30 et 15h30-20h.

En dehors des quartiers de visite

CRÉATIONS SACS MARY
Sacs à main ⑥③ HP par C5

Vous rêvez d'un sac unique et sur mesure ? Grimpez jusque sur les hauteurs de la ville dans l'atelier-boutique de cette fabrique familiale créée en 1978 où travaillent ensemble trois générations. Aussitôt arrivé dans les lieux, vous serez saisis par l'odeur de cuir qui y règne et par l'atmosphère de travail. À vous de choisir quel cuir, quelle couleur, quel modèle et quels accessoires, et Sacs Mary se charge du reste ! De 15 à 25 € pour les pochettes et de 60 à 189 € pour les sacs. Des modèles déjà faits sont aussi en vente.

1, rue du Fort-Sanctuaire, 6e arr. • M° Estrangin-Préfecture, bus n° 60 (arrêt Fort-du-Sanctuaire-N.-D.-de-la-Garde) • ☎ 04 91 37 14 49 • www.sacsmary.com • Lun.-ven. 8h-19h30, sam. 8h-12h et 14h-19h30.

LE SÉRAIL
Savons ⑭ HP par F1

C'est la dernière grande savonnerie marseillaise, créée en 1949 et spécialiste du « 72 % » cuit au chaudron à l'ancienne. En version blanche (huile végétale uniquement) ou verte (huile végétale et huile d'olive), elle fabrique toujours la célèbre savonnette hypoallergénique de 100 à 250 g qui a fait la réputation des savonneries marseillaises. Gels douche et savons liquides ont, depuis, rejoint les cubes de 300 g à 1 kg, les savonnettes et les paillettes de lavage. Les parfums aussi se sont multipliés : argile, pomme verte...

50, bd Anatole-de-la-Forge, 14e arr. • M° Frais-Vallon, puis bus n° 27 (arrêt La-Margeray) • ☎ 04 91 98 28 25 • www.savon-leserail.com • Lun.-ven. 9h-12h et 14h-17h.

LA BOULE BLEUE
Pétanque ⑮ HP par F4

Le plus ancien fabricant de boules provençales est d'origine... alsacienne ! Installé en 1904 à Marseille, Félix Rofritsch posait lui-même les clous dans ses boules avant de les vendre. Aujourd'hui, l'entreprise a acquis une réputation internationale. Ses boules d'acier en carbone ou en acier inoxydable d'un bleu mordoré sont garanties 5 ans et peuvent même être réalisées sur mesure (à partir de 67 € le jeu de trois boules).

ZI La Valentine, montée de Saint-Menet, 11e arr. • M° La Fourragère, bus n° 50 (arrêt La Sablière-Ravelle), puis bus n° 12B (arrêt La Valentine) • ☎ 04 91 43 27 20 • www.laboulebleue.fr • Lun.-jeu. 9h-12h et 14h-18h, ven. 9h-12h et 13h-17h (visite de l'atelier possible).

La mode marseillaise

On ne vient pas spontanément à Marseille pour faire son shopping. Et pourtant, la ville est devenue en moins de 20 ans une vraie cité de la mode. Derrière la réalité économique d'un secteur qui résiste plutôt bien à la crise, Marseille forme aujourd'hui une nouvelle génération de stylistes venus de tout le Bassin méditerranéen. Bouillonnante et cosmopolite, la ville est fière des *success-stories* qu'elle a vues naître et qu'elle soutient à 100 % : Sessùn, Kulte ou Drolatic. Elle est aussi flattée que le jeune créateur Simon Porte Jacquemus lui lance des hommages à chacun de ses défilés.

UN SECTEUR DYNAMIQUE ET DES RÉUSSITES INTERNATIONALES

On le sait peu, mais l'industrie de la mode à Marseille emploie pratiquement 10 000 salariés dans la région et concerne 400 entreprises. C'est ici, dans les ateliers de confection de Belsunce tenus par son père, que Laurent Emsellem, le fondateur de **Kaporal,** a appris les ficelles du métier. C'est ici que la marque casual Sugar et la marque de bijoux en pierres précieuses **Gas** (p. 174) continuent de créer, fabriquer et commercialiser toutes leurs collections. D'autres exemples ? C'est là aussi qu'**American Vintage** (p. 178), connu pour ses tops en coton tout doux, a ouvert sa première boutique avant de partir à la conquête de Paris, de New York et de Hong Kong ! Dernier exemple en date : la réussite insolente de **Drolatic,** qui a conquis le cœur des Japonaises avec ses tee-shirts pop et graffiti. Des *success-stories* qui cachent un bouillonnement créatif réel relayé par tous les pouvoirs publics de la ville.

La savoir-faire arménien

Le point commun entre Didier Parakian, Jézéquel, Sugar, Drolatic et Evalinka ? Ces cinq marques de mode sont toutes nées à Marseille dans les ateliers de fabrication de la communauté arménienne, arrivée à Marseille en 1922. Discrète, cette communauté est une de celles qui ont le plus contribué à l'essor d'une mode de Marseille. En 2007, le musée de la Mode de Marseille leur avait d'ailleurs consacré toute une exposition autour de la figure de Karine Arabian, fille de tailleurs et petite-fille de bottiers : « Karine Arabian et les autres Arméniens de la mode XVIIe-XXIe s. ».

LA MAISON MÉDITERANÉENNE DES MÉTIERS DE LA MODE

Sessùn, lauréat de le bourse M Majors en 2000

Jusqu'au début des années 1980, la mode à Marseille est brouillonne et éparpillée. Au fil des années et sous l'impulsion de la Ville, elle se structure et s'institutionnalise. En 1988, l'**Institut Mode Méditerranée** (IMM) est créé. Un an plus tard, c'est le **musée de la Mode** (p. 80). Derrière les deux entités, on retrouve la très active Marilyne Bellieud-Vigouroux. L'IMM donne un sérieux coup de pouce aux jeunes créateurs : showrooms, salons, formations et soutien financier. Vingt-deux créateurs ont bénéficié de la bourse de 20 000 € de son concours « Charte des créateurs » aujourd'hui rebaptisé « M Majors ». **Sessùn** (p. 172) l'a décroché en 2000, **Zoé la Fée Circus** (p. 159) en 2008, **D-Dikate** en 2010. Depuis juillet 2013, l'IMM s'est transformé en MMMM : **Maison Méditerranée des métiers de la mode.** Installée dans un espace tout neuf du quartier Euroméditerranée (19, rue Fauchier, 2e arr. - plan C2) et présidée par Matthieu Gamet, elle fonctionne comme une pépinière de talents en devenir. Ses moyens ? Un **master Métiers de la mode et du textile** et des missions de soutien économique et culturel. Son ambition est claire : faire de Marseille la plaque tournante d'une mode venue de toute la Méditerranée !

UNE NOUVELLE GÉNÉRATION DE CRÉATEURS

Contrairement à leurs aînés, les jeunes créateurs basés à Marseille n'attendent plus une quelconque reconnaissance venue de Paris ou d'ailleurs pour s'installer à leur propre compte. Adepte du *Do It Yourself*, ils ouvrent des boutiques qui leur ressemblent. Voyez la drôle de boutique de **Zoé la Fée Circus** : cette créatrice défend une vision de la mode personnelle, impertinente et colorée. Grâce aux réseaux sociaux, cette marque et bien d'autres entretiennent leur carnet d'adresses et fédèrent autour d'elles des *aficionados*. Un réseau alimenté aussi par les modeuses de Marseille via des blogs réactifs et très bien renseignés. Avant votre séjour, allez donc jeter un œil à **www.mylittlemarseille.fr** ou à **www.chutmonsecret.com** : les deux sites regorgent de bons plans (vente de créateurs) et relaient les dernières nouveautés.

Savonneries et santons

Marseille ne serait pas vraiment Marseille sans ses fameux savons. Partout en ville, les cubes à l'huile d'olive vous feront de l'œil. Malgré la concurrence, quelques fabricants continuent de perpétuer la tradition et le savoir-faire qui ont permis à la ville de se développer tout au long du XIXe s. Les santons, eux, n'ont jamais eu à souffrir d'une quelconque concurrence : depuis le début, ils sont fabriqués de manière artisanale et font encore vivre aujourd'hui quelques artistes de Marseille.

LE FRUIT DE L'OLIVIER

Au début de notre ère, le **savon** est issu d'un mélange de cendres de hêtre et de graisse de chèvre ! Il faut attendre le retour des croisades pour que la recette du savon à l'huile d'olive, une spécialité d'Alep, en Syrie, se répande en France, et surtout à Marseille. C'est facile et naturel : la culture de l'**olivier** y existe déjà et l'huile est commercialisée par les négociants installés sur le Vieux-Port. Ce sont eux qui, dès le XIVe s., utilisent les résidus pour se lancer dans la fabrication de savons à base d'**huile d'olive** et de **soude.** Cette industrie se développe et, en 1688, un édit de Colbert en fixe les normes de fabrication : pour revendiquer l'appellation **« savon de Marseille »,** seules sont autorisées les huiles d'olive pures, pas les huiles animales. La consommation de savon va crescendo et la fabrication artisanale devient industrielle. Au XVIIe s., Marseille compte sept fabriques et produit 20 000 t de savon. Un siècle plus tard, elles sont 48 savonneries à fabriquer 76 000 t de ce savon à la couleur verte. Plus de 600 ouvriers y travaillent.

Foire aux santons

Aubagne et Marseille ont chaque année leurs foires aux santons. Celle de Marseille a lieu de la mi-novembre au 31 décembre, habituellement le long des allées de Meilhan (D3). À Aubagne, deux foires aux santons s'installent sur le cours Foch : en été (du début juillet à fin août), et en hiver (de fin novembre au 31 décembre). Tous les 2 ans (prochaines éditions : décembre 2018, 2020, etc.), la ville organise également une biennale de l'art santonnier.

TROP DE CONCURRENCE

Carrefour de tous les échanges, Marseille s'impose vite comme le premier fabricant français. Pendant deux siècles, les affaires sont florissantes : la ville compte 90 savonneries en 1900 et la fabrication se diversifie. Un deuxième savon à base d'huiles de palme et d'arachides, fait son apparition. Mais après la Seconde Guerre mondiale, l'industrie de la savonnerie décline. En cause : l'arrivée de la machine à laver, l'utilisation des détergents chimiques et la concurrence des savons fabriqués loin et à bas prix. Aujourd'hui, seules quelques marques continuent de produire le fameux cube estampillé **« 72 % d'huile, Extra pur »** : elles surfent sur son côté **naturel et biodégradable** pour convaincre une nouvelle génération de consommateurs.

Savonnerie Le Serail

L'ART DU SANTON

Autre emblème de la Provence et de Marseille : le **santon.** Autrefois, ces petits **sujets en terre cuite** étaient déjà fabriqués pour la crèche. Mais on utilisait alors ce qu'on avait sous la main : du plâtre, de la cire, de la mie de pain et même du verre filé. La première apparition à Marseille de ce **petit personnage en argile** remonte à la fin du XVIIIe s. On imagine que c'est l'interdiction des messes de minuit décidée après la Révolution française qui donna envie aux croyants de créer leur propre crèche chez eux. Depuis, la période de Noël est l'occasion pour tous les santonniers de la région de pratiquer leur art et de transformer l'argile rouge en minifigurines inspirées des personnages bibliques (« santon » vient du provencal « santoun », « petit saint »). Ici, on voue un culte à cette tradition encore bien présente.

Santons Marcel Carbonel

À **Aubagne,** la ville a même ouvert un espace patrimonial dédié au santon dans les anciens ateliers de Thérèse Neveu, une santonnière du début du XXe s., dont le travail inspire encore aujourd'hui les nouvelles générations de santonniers (4, cour de Clastre ☎ 04 42 03 43 10).

Carnet

PRATIQUE

Retrouvez toutes nos adresses localisées sur les cartes et plans grâce à un numéro coloré.

56 Restos
35 Bars
28 Boutiques

Le numéro renvoie à sa notice détaillée dans le chapitre concerné.

QUAND PARTIR ?

À Marseille, le soleil brille plus de 300 jours dans l'année et le thermomètre affiche des moyennes tempérées : 19 °C au printemps, 25 °C en été, 14 °C en automne et 12 °C en hiver. Pour profiter de sa façade maritime longue de 57 km, dont 20 km de calanques, mieux vaut tout de même éviter l'hiver : on s'y baigne de juin à octobre. Mais chaque saison a son charme : l'hiver, vous aurez des ciels bleus superbes ; à l'automne et au printemps, vous profiterez de journées longues et douces, sans pâtir de la foule estivale. Et rien ne vaut la belle lumière de l'automne.
Le **mistral** n'est pas un mythe. Les Marseillais disent que quand il est là, c'est pour 1, 3, 6 ou 9 jours d'affilée. Ce qui est sûr, c'est qu'il peut souffler vraiment fort, au point de rendre très fraîche une soirée d'été ou de vous faire perdre l'équilibre sur la Corniche. Même en été, emportez un coupe-vent ou un pull dans vos bagages !

POUR Y ALLER

EN AVION

L'aéroport de Marseille-Provence est le quatrième aéroport de France. Situé à Marignane (25 km au nord-ouest de Marseille), il dessert de nombreuses villes françaises (Lille, Strasbourg, Metz-Nancy, Toulouse, Pau, Bordeaux, Lyon, Rennes, Nantes, Brest, Calvi, Bastia, Ajaccio) et assure plus de vingt liaisons quotidiennes avec Paris (Roissy-Charles-de-Gaulle et Orly).
Le terminal 2 est réservé aux vols low-cost. Des travaux de transformation sont en cours pour accueillir à terme, en 2025, 11 millions de passagers (contre 8 millions aujourd'hui).

Aéroport Marseille-Provence - Marignane :
☎ 04 42 14 14 14 • www.marseille.aeroport.fr et www.mp2.aeroport.fr

Air France programme plusieurs liaisons quotidiennes depuis Paris-Orly.
☎ 36 54 • www.airfrance.fr

Air Corsica opère des vols depuis les principales villes de Corse (Ajaccio, Bastia, Calvi, Figari).
☎ 0825 35 35 35 • www.aircorsica.com

Easy Jet propose des vols réguliers depuis Bordeaux.
☎ 0820 420 315 • www.easyjet.com

Hop! assure des vols depuis Biarritz, Bordeaux, Brest, Caen, Lille, Lyon, Metz-Nancy, Nantes, Paris, Rennes, Strasbourg et Toulouse.
☎ 0892 70 22 22 • www.hop.com

EN TRAIN

Le TGV est la solution idéale pour les voyageurs en provenance de Paris. Marseille est à seulement 3h de la capitale, 3h30 de Genève et 5h30 de Bruxelles. Au total, près d'une vingtaine de TGV arrivent chaque jour en gare Saint-Charles, y compris depuis Nice, Strasbourg, Francfort...

Gare SNCF Marseille Saint-Charles : Square Narvik, 1er arr. (Plan D2-3) • ☎ 04 95 04 10 00 • www.sncf.com et www.gares-sncf.com

EN VOITURE

Paris est à près de 800 km de Marseille, et Lille à plus de 1 000 km ! Mais lorsqu'on habite dans le Sud, aller à Marseille en voiture le temps d'un week-end est tout à fait envisageable : Toulouse est à 400 km, Lyon à 300 km, Nice à 200 km et Montpellier à 170 km. D'autant plus que le réseau autoroutier est excellent : **3 autoroutes** reliant l'Espagne (l'**A55** via Montpellier et Fos-sur-Mer), l'Italie (l'**A50** via Nice et Toulon) et l'Europe du Nord (l'**A7** depuis Paris, Lyon et Aix-en-Provence) se rejoignent à Marseille et placent la ville à moins de 1h de la Camargue et du cœur de la Provence, et à moins de 2h de la Côte d'Azur.

Pour arriver en ville, **la traversée des tunnels est payante** : 2,80 € le tunnel Prado Carénage ; 1,90 € le tunnel Prado Sud, 4,70 € les deux tunnels.

DORMIR À MARSEILLE

QUEL QUARTIER ?

C'est cliché et carte postale, mais quand on vient à Marseille, on rêve tous d'avoir une vue sur le **Vieux-Port** ou sur **Notre-Dame-de-la-Garde,** les deux symboles les plus connus de la ville. La demande est tellement pressante que l'ancien Hôtel-Dieu, sur les hauteurs du Panier, a dû se transformer en hôtel de luxe ! Pour les séjours citadins et culturels, vous pourrez chercher un logement du côté du **Panier,** de la **place Castellane,** de **la Plaine** et du **cours Julien.** Pour profiter de Marseille côté plages, en revanche, rien ne vaut les hôtels situés sur la **Corniche** ou ceux perchés sur les **collines d'Endoume, du Roucas-Blanc et de Bompard.**

QUEL HÉBERGEMENT ?

Il y a encore quelques années, le parc hôtelier marseillais avait plutôt mauvaise réputation. Marseille-Provence 2013 a quelque peu changé la donne. On trouve maintenant une large gamme : des **petits hôtels de charme,** des **résidences,** sans oublier les **chambres d'hôtes...** et les **palaces.**

TARIFS ET RÉSERVATION

À moins d'opter pour le camping ou l'auberge de jeunesse, rares sont les hébergements à moins de 50 € la nuit. Comptez **de 70 à 100 € pour une chambre double en centre-ville** dans un hôtel confortable. Outre les portails de réservation en ligne (voir encadré ci-contre), vous pourrez consulter les offres et profiter des bons conseils de l'**office de tourisme de Marseille,** ou utiliser les services de **Résaprovence** pour un hébergement à Marseille ou dans la région.

Office de tourisme de Marseille : www.marseille-tourisme.com

Résaprovence : ☎ 04 91 13 84 13 • www.resaprovence.com

Retrouvez notre sélection d'hébergements p. 198-201.

Bons plans Internet

Sur Internet, les promotions et les bonnes affaires sont fréquentes, et ce quelle que soit la période. Pour bénéficier des meilleurs tarifs d'hébergement, allez en priorité sur le site de l'hôtel choisi, puis consultez les sites tels que :

www.booking.com • www.hotels.com • www.trivago.fr

SE DÉPLACER

DE L'AÉROPORT AU CENTRE-VILLE

En navette

Pour rejoindre le centre-ville, vous pourrez profiter du service **Navette Marseille,** assurant la liaison en autocar entre l'aéroport Marseille-Provence et la gare Saint-Charles (30 min env.). Un départ a lieu toutes les 15 min de 5h10 à 0h10. La nuit, les départs se font au gré des vols.

Les **tickets** sont disponibles à l'aéroport (guichet situé au niveau du terminal 1, face au départ de la navette, de 6h05 à 22h10) et à la gare Saint-Charles (hall central). Vous pouvez également les acheter et les imprimer sur le site Internet de l'aéroport (8,30 € l'aller simple ; 13,40 € l'aller-retour).

www.navettemarseilleaeroport.com

En train

De l'aéroport, la navette gratuite **Airport Train** rejoint la gare Vitrolles-Aéroport-de-Marseille en 5 min. Vous pourrez ensuite emprunter un **Train express régional (TER)** qui relie la gare Saint-Charles en 15 à 20 min.

Retrouvez tous les horaires sur : www.ter-sncf.com

En taxi

L'aéroport Marseille-Provence dispose de sa propre compagnie de taxis, les seuls habilités à opérer à partir de l'aéroport 24h/24. Pour rejoindre le centre de Marseille, comptez 50 € env. le jour, 60 € env. la nuit.

Taxis Aéroport de Marseille :
☎ 04 42 14 24 44
• www.taxis-aeroport.com

SUR PLACE

En métro et tramway

Les transports en commun ne sont pas le point fort de la ville, seulement desservie par **deux lignes de métro** (**M1** : La Rose - La Fourragère ; **M2** : Bougainville - Sainte-Marguerite-Dromel) et **trois lignes de tramway** (**T1** : Les Caillols - Noailles ; **T2** : La Blancarde - Arenc-Le Silo ; **T3** : Arenc-Le Silo - Castellane). Métro et tramway fonctionnent 7j/7 de 5h à 0h30. Les stations de métro ne disposent pas toutes d'escalators ou d'ascenseurs.

En bus

Le bus est la meilleure solution pour se déplacer à Marseille : le réseau dessert les quartiers les plus excentrés de la ville, y compris les calanques. Et si vous avez la chance de trouver une place assise côté fenêtre, vous profiterez de magnifiques paysages sur la Méditerranée ou sur les collines de Provence. Pendant la saison estivale et les vacances scolaires, certaines lignes voient leur service très réduit : les bus conduisant aux plages sont donc vite saturés.
Pour accéder aux plages du littoral marseillais, empruntez les **lignes 81** (plage des Catalans, p. 73), **83** (plage du Prophète, p. 75), **19 et 47** (plage de la Pointe-Rouge, p. 81), **20** (plages des Goudes, p. 86) et **35** (plages de l'Estaque, p. 97).
D'autres lignes utiles : 60 (du Vieux-Port à Notre-Dame-de-la-Garde en 20 min) ; **83** (du Vieux-Port au métro Rond-Point-du-Prado en longeant toute la Corniche et en passant par le parc Borély) ; **82** (d'Euromed-Arenc au nord au Pharo au sud, en passant par le Vieux-Port).

Titres de transport

Le **pass XL** valable 24h (5,20 €), 72h (10,80 €) ou 7 jours (13,70 €) permet un nombre illimité de voyages sur le réseau RTM (bus, métro, tramway) et le réseau Transmétropole.
Autre option : la **carte 10 voyages** (13,70 €), un titre multi-usagers permettant d'effectuer 10 voyages en correspondance sur l'ensemble du réseau RTM.
Si vous utilisez les transports de manière très occasionnelle, optez pour le **billet solo** (1,70 € pour le métro, 2 € pour le bus) utilisable sur le réseau RTM pendant 1h. Pour bénéficier d'autres avantages en plus du transport, le **City Pass** est une autre solution (voir Musées et pass p. 193).
Les titres sont en vente aux distributeurs du métro et du tramway, chez les vendeurs agréés RTM (librairie-presse, bureaux de tabac, etc.) et dans les points de vente RTM (situés dans les stations de métro).
Pratique : pour préparer vos déplacements et calculer vos itinéraires, consultez **www.rtm.fr,** et surtout **www.lepilote.com,** qui recense toutes les options possibles de trajets dans les Bouches-du-Rhône, l'outil parfait pour sillonner

la région jusqu'à Cassis, Aubagne, Allauch et même la Côte Bleue !

Régie des Transports de Marseille :
☎ 04 91 91 92 10 • www.rtm.fr

En voiture

Si vous avez envie d'explorer Marseille au-delà du centre-ville, la voiture peut vite devenir indispensable. Vous trouverez plein de **loueurs de voitures à proximité de la gare Saint-Charles.** En revanche, pour circuler en centre-ville, laissez votre véhicule au parking car Marseille cumule tous les handicaps : rues étroites et pentues, stationnement difficile, embouteillages fréquents...

Hertz :
31, bd Voltaire, 1er arr. (Plan D2-3) • ☎ 04 91 05 51 20 • www.hertz.fr

Europcar :
59, allée Léon-Gambetta, 1er arr. (Plan D3) • ☎ 04 91 10 74 90 • www.europcar.fr

Rent a car :
10, pl. des Marseillaises, 1er arr. (Plan D2-3) • ☎ 04 91 50 12 00 • www.rentacar.fr

Sixt :
48, bd Rabatau, 8e arr. (HP par D5) • ☎ 0820 00 74 98 • www.sixt.fr

ADA :
92, bd Sakakini, 5e arr. (Plan F4) • ☎ 04 91 77 42 36 • www.ada.fr

Olympic Location :
28, rue des Orgues, 4e arr. (Plan F3) • ☎ 04 91 34 05 25 • www.olympiclocation.com

En deux-roues

Adopté depuis longtemps par ses habitants, c'est le moyen de locomotion le plus rapide et le moins encombrant puisqu'il permet de se faufiler facilement dans une circulation toujours très dense.

Locations de scooters à la journée ou à la demi-journée :

Adresses et numéros utiles

Police : ☎ 17.

Pompiers : ☎ 18.

Samu : ☎ 15.

SOS médecins : 21-23, rue du Capitaine-Dessemond, 7e arr. (Plan A5) • Bus nos 54, 81, et 82 (arrêt Lycée Colbert) • ☎ 04 91 52 91 52 ou 3624.

Hôpital de la Timone : 264, rue Saint-Pierre, 5e arr. (Plan F4) • Mo La Timone • ☎ 04 91 38 00 00.

Urgences dentaires : à l'hôpital de la Timone, uniquement en semaine jusqu'à 17h.

Objets trouvés : 41, boulevard de Briançon, 3e arr. (HP par C1) • Mo Bougainville • ☎ 04 91 50 26 60 • www.marseille.fr

Vita Loca :
Rue Henri-Tasso, 2e arr. (Plan H7) • ☎ 07 68 32 36 83 • https://vitaloca.fr
Low Cost Rent :
132, cours Lieutaud, 6e arr. (Plan D5) • ☎ 04 91 48 95 87 • www.lowcostrent-marseille.com

À vélo

Marseille dispose d'un système de **vélos en libre service,** simplement baptisé **Le Vélo.** Plus d'un millier de vélos répartis dans 130 stations à travers la ville avec une station tous les 300 m environ. Le fonctionnement est simple : procurez-vous une carte d'accès de 7 jours (1 €) au distributeur d'une station (caution de 150 € bloquée le temps de l'abonnement) ; elle vous permet ensuite de louer un vélo dans la station de votre choix. La première demi-heure est gratuite, puis le service coûte 1 € l'heure.
Le Vélo :
www.levelo-mpm.fr
Locations de vélos et de trottinettes électriques :
Easymove :
25, quai de Rive-Neuve, 1er arr. (Plan H8) • ☎ 04 84 26 22 91 • www.easymove.fr • À partir de 25 €.

En bateau

D'avril à septembre, la RTM met en circulation **deux navettes maritimes** reliant le Vieux-Port à la **Pointe-Rouge** (p. 81) et le Vieux-Port à l'**Estaque** (p. 94) en 40 min. Les départs ont lieu toutes les heures (mai-juin et sept.-oct. : 7h-19h ; juil.-août : 7h30-22h30) dans le bassin du Vieux-Port, au pied de l'Ombrière (tarif d'une traversée : 5 €). Il existe également une navette qui part de la Pointe-Rouge et qui relie le port des Goudes (p. 87) en moins de 20 min.

LES CALANQUES

En bateau

Les calanques de Marseille s'étendent sur plus de 20 km de côte entre le village des Goudes, au sud-ouest de Marseille, et Cassis. La compagnie **Icard Maritime** propose deux circuits découverte (2h ou 3h) à partir du Vieux-Port et dessert Les Goudes, Callelongue, Marseilleveyre, Sormiou, Morgiou, Sugiton, En-Vau, Port-Pin et Port-Miou (commune de Cassis).
Icard Maritime :
Billetterie et départ : angle quai du Port et quai des Belges, face à la brasserie La Samaritaine (Plan I7) • ☎ 04 91 33 36 79 • www.visite-des-calanques.com • Petit circuit (2h30) : 23 € (18 € enfant) ; grand circuit (3h15) : 29 € (22 € enfant).

En kayak de mer

Il est possible de découvrir les calanques de manière sportive en louant un kayak de mer.
Pour plus de tranquillité et voir un maximum de choses, laissez-vous guider par des sorties organisées à la demi-journée ou à la journée.
Raskas Kayak :
Impasse du Dr Bonfils, 8e arr. (HP par A5) • ☎ 04 91 73 27 16 • www.raskas-kayak.fr • À partir de 38 € par personne la demi-journée ; 65 € la journée découverte.

Fermetures

Certaines boutiques et attractions touristiques respectent la tradition du déjeuner et sont fermées entre midi et 14h.
Les musées municipaux sont fermés le lundi et les 1er janvier, 1er mai, 1er novembre et 25 décembre.

À pied

Les calanques se découvrent aussi à pied, le long de chemins côtiers qui offrent des points de vue magnifique. Pour rejoindre **Les Goudes, Callelongue** et **Marseilleveyre,** empruntez le bus n° 19 place Castellane, jusqu'à la Madrague-de-Redon, puis le bus n° 20 jusqu'aux Goudes ou Callelongue. Pour atteindre la calanque de Marseilleveyre depuis Callelongue, suivez le sentier des Douaniers au bout du boulevard Alexandre-Delabre. Pour **Sormiou,** prenez le bus n° 23 au départ du Rond-Point-du-Prado, arrêt La Cayolle, puis suivez le chemin de Sormiou jusqu'à la mer (3,5 km). Pour **Morgiou,** empruntez le bus n° 22 au départ du Rond-Point-du-Prado jusqu'au terminus Les Baumettes, puis continuez sur le chemin de Morgiou jusqu'au port (4 km). On rejoint **Sugiton** par le bus n° 21 au départ de la place Castellane, arrêt Luminy, puis par le sentier au bout de l'avenue de Luminy (4 km). On accède aux calanques d'**En-Vau, Port-Pin et Port-Miou** depuis Cassis. Une navette gratuite mène jusqu'au départ des sentiers des calanques, au fond de la calanque de Port-Miou : Port-Pin est alors à 2,5 km et En-Vau à 3,5 km.

À VOIR, À FAIRE

OFFICE DE TOURISME

Vous y trouverez toutes les informations sur les transports en commun, les musées, les restaurants, les hôtels et les manifestations culturelles. Vous pourrez aussi y réserver votre hôtel, un spectacle ou une visite guidée.

Office de tourisme et des congrès :
11, la Canebière, 1er arr. (Plan C3) • M° Vieux-Port-Hôtel-de-Ville • ☎ 0826 50 05 00 • www.marseille-tourisme.com • Lun.-sam. 9h-19h, dim. et j.f. 10h-17h ; f. 1er janv. et 25 déc.

PASS

Le **Pass-Musées** de Marseille est idéal si vous venez plusieurs fois dans l'année ou si vous voulez faire un marathon de musées. Pendant un an, il donne un accès libre et illimité aux collections et aux expositions temporaires des musées municipaux. Il est en vente dans les musées concernés (30 €) : musée d'Histoire de Marseille (p. 24), musée des Docks romains (p. 33), centre Vieille-Charité (p. 36), musée d'Archéologie méditerranéenne (p. 37), musée des Arts africains, océaniens et amérindiens (p. 38), musée Cantini (p. 63), musée des Beaux-Arts (p. 55), Muséum d'histoire naturelle (p. 55), musée des Arts décoratifs, de la Faïence et de la Mode (p. 80), musée d'Art contemporain (p. 81). Le **City Pass** est un forfait touristique et culturel valable 24h (26 €), 48h (33 €) ou 72h (41 €). Il donne accès au réseau des transports en commun de la RTM (métro, tramway, bus, sauf navettes maritimes) et à tous les musées municipaux (voir ci-dessus) ainsi qu'au Mucem (p. 42). Il comprend aussi une visite commentée (à choisir), une visite du chateau d'If, une balade en petit train touristique et en bateau vers les îles du Frioul. Il permet également de bénéficier d'un tarif réduit pour les grandes expositions et de réductions dans les boutiques (L'Occitane, Durance, Comptoir du Panier...). Le City Pass est en vente à l'office de tourisme (voir p. 193), à la gare Saint-Charles et au guichet de la Navette Marseille à l'aéroport Marseille-Provence (voir p. 189).

VISITES GUIDÉES

À pied

L'office de tourisme organise chaque mois des visites guidées thématiques de Marseille et de ses quartiers. Animées par des guides-conférenciers, ces balades (env. 2h) offrent une bonne introduction à l'art et à l'histoire de la cité phocéenne. Les visites du **Vieux-Port** (p. 23) et du **Panier** (p. 32) sont parmi les plus populaires, celles de la **Cité radieuse** (p. 81) de Le Corbusier très demandées. Le programme des visites reflète le nouveau visage de Marseille après les transformations de Marseille-Provence 2013 : elles vous feront découvrir le **pôle culturel du J4** avec le **Mucem,** la **Villa Méditerranée** et le **musée Regards de Provence** (p. 44), mais aussi le **quartier Euroméditerranée** et la **rue de la République.** Pour suivre ces visites (à partir de 9 €, gratuit pour les moins de 12 ans), la réservation auprès de l'office de tourisme est obligatoire :
☎ 0826 50 05 00
• www.marseille-tourisme.com

Dans un registre plus confidentiel, essayez l'association **Marseille Autrement,** créée par Marianne Ruelle. En s'appuyant sur un réseau d'habitants, elle propose chaque jour des activités : balades contées, sorties nature, expositions, rencontres avec des acteurs locaux, conférences et visites privées de boutiques, etc. Si vous ne faites pas plus de trois activités, l'adhésion annuelle n'est pas obligatoire (de 0 à 14 € selon les activités).
Marseille Autrement :
2, rue Fauchier, 2e arr. (Plan C2)
• Mo Jules-Guesde • ☎ 06 81 11 29 29
• www.marseille-autrement.fr

Le bus à impériale : l'Open Tour

Ce bus touristique à impériale propose un grand tour de Marseille **à la découverte de ses principaux**

sites : fort Saint-Nicolas, vallon des Auffes, Corniche, Notre-Dame-de-la-Garde, cathédrale de la Major, fort Saint-Jean et Mucem… Vous pourrez faire le parcours en une seule fois (1h30 env.), mais aussi descendre à l'arrêt de votre choix pour visiter tranquillement et reprendre le bus plus tard. Chaque passager est muni d'écouteurs et sélectionne le commentaire dans la langue de son choix.

L'Open Tour :

2, rue de Beausset, 1er arr. (Plan I7) • M° Vieux-Port-Hôtel-de-Ville • ☎ 04 91 91 05 82 • www.marseille.opentour.com • Avr.-oct. : t.l.j. 10h-17h ; pass : 19 € (1 j.), 22 € (2 j.), 13 € (seulement sur le dernier tour de la journée).

Le petit train

Le petit train de Marseille effectue deux circuits commentés. Le **circuit 1** mène à Notre-Dame-de-la-Garde en passant par la Corniche (toute l'année), tandis que le **circuit 2** vous fera découvrir le vieux Marseille à travers le Panier (avr.-nov.). En juillet et août,

Un séjour 100 % local

Rendez-vous Chez nous

L'idée de cette start-up marseillaise est de mettre en relation des hôtes locaux (professionnels ou non, mais toujours passionnés) avec des visiteurs. Les activités proposées sont variées et couvrent toute la région PACA : safari-photo en ville, visite d'une bergerie, balade dans les calanques, navigation authentique dans la rade de Marseille, shopping de créateurs, initiation à la dégustation de vins… Pour en profiter, il suffit de s'inscrire sur le site, de faire une recherche par destination et par date, et de choisir l'activité qui vous tente. Des expériences uniques à taille humaine (rarement plus de 10 pers.) et pas si chères (25 € pour 1h30 de safari-photo).

Rendez vous chez nous /Pôle Média Belle de Mai : 37-41, rue Guibal, 3e arr. (Plan D1/E1) • M° Saint-Charles • ☎ 04 91 05 50 57 • www.rendezvouscheznous.com

Marseille Provence Greeters

Envie de visiter Marseille sous le signe de la convivialité et de l'échange ? Faites appel à un *greeter*, un Marseillais qui se promène avec vous bénévolement dans la ville pour vous faire découvrir ses adresses secrètes, ses lieux favoris, ses petites anecdotes. Marseille au grand air, Marseille en escaliers, Marseille du ballon rond ou Marseille épicée… À vous de choisir votre balade ! Inscription via un formulaire sur le site Internet de l'association :

www.marseilleprovencegreeters.com

un troisième petit train circule sur l'île Ratonneau (p. 91) en direction de l'hôpital Caroline (tarif : 4 €).
Départ : 176, quai du Port, 1er arr. (Plan G7) • M° Vieux-Port-Hôtel-de-Ville • ☎ 04 91 25 24 69 • www.petit-train-marseille.com • Avr.-mi-oct. : t.l.j. 10h-12h et 13h40-18h20 ; mi-oct.-nov. : 10h-12h20 et 13h40-17h20 ; déc.-mars : t.l.j. 10h-12h et 14h-16h • Tarif : 8 € le circuit 1 ; 8 € le circuit 2.

En pointu

La petite embarcation marseillaise traditionnelle est de sortie ! Toujours utilisée par les pêcheurs, elle est également à disposition des visiteurs qui veulent découvrir Marseille depuis la mer, son Vieux-Port et la rade, et s'approcher du château d'If. On embarque à 8 personnes maximum avec un skipper pour 1h30 de visite historique. D'autres sorties sont proposées, comme la pêche en mer.
Localanque :
22, rue de la Loge, 2e arr. (Plan H7) • M° Vieux-Port-Hôtel-de-Ville • ☎ 04 91 90 60 79 ou 06 10 11 43 58 • www.location-barques-marseille.com • Tarif : 60 €/pers.

En *tuk-tuk*

Une balade en *tuk-tuk* pour découvrir Marseille ? C'est possible ! La ville a emprunté à l'Inde ce **tricycle motorisé** pour faire découvrir Marseille de façon originale. Plusieurs itinéraires sont proposés : la balade Le Panier (1h, 47 € pour 3 pers.) vous mènera du Vieux-Port au Panier en passant par le Mucem ; le circuit Bord de mer (3h, 115 € pour 3 pers.) passe par la Corniche, le vallon des Auffes et Notre-Dame-de-la-Garde.
D'avril à mi-novembre, **Tuk Tuk** propose aussi une balade Marseille by night. Le service inclut chauffeur et commentaire.
Tuk Tuk Marseille :
10, rue Gavaudan, 4e arr. (Plan F2) • M° Chartreux • ☎ 06 25 35 47 21 ou 06 23 67 63 45 • www.tuktukmarseille.com

Le parler marseillais

Bien sûr, il y a l'accent. Mais les Marseillais adorent aussi cultiver le parler local mâtiné de provençal, d'italien et d'arabe. Petit florilège !

càcou : frimeur.
cané : épuisé.
emboucaner : déranger, embêter, polluer.
fada : fou, fanatique, passionné.
cagole : fille de petite vertu au style déluré.
cagnard : soleil.
y'a dégun : il n'y a personne.
c'est cafi : c'est plein.
estranger : touriste, non Marseillais.
s'escagasser : s'énerver, se décarcasser.
pointu : barque marseillaise traditionnelle.
minot : enfant.
peuchère : le pauvre.
marronner : râler.

S'INFORMER

INTERNET ET SMARTPHONE

Pour les séjours en famille, pensez à consulter **www.marseille-tourisme.com, http://culture.marseille.fr, http://13.agendaculturel.fr, www.visitprovence.com** pour préparer votre séjour et programmer vos sorties. Tout Marseille sur votre smartphone : c'est la promesse de l'application interactive **Marseille Guide Voyage Monument,** de Monument Tracker. Elle recense plus de 100 sites et monuments marseillais. À chaque fois que vous êtes à proximité d'un monument, votre téléphone vibre pour vous prévenir et présente une fiche descriptive avec photo vous renseignant sur l'histoire et l'originalité du lieu. L'application est disponible sur les systèmes IOS et Android.

PRESSE ET RADIO

Marseille a sa radio alternative : **Radio Grenouille** (88,8 FM, www.radiogrenouille.com). Pour les sorties culturelles, procurez-vous le magazine ***Ventilo*** (gratuit, www.journalventilo.fr) disponible dans les théâtres, cinémas, bibliothèques, boutiques tendance, cafés-concerts, etc. Le journal ***La Marseillaise,*** quotidien régional créé pendant la Seconde Guerre mondiale pour soutenir la Résistance, est aussi une mine d'information (www.lamarseillaise.fr).

Marseille gratuit

Musées et monuments gratuits :

Notre-Dame-de-la-Garde (sauf le musée), cathédrale de la Major, Villa Méditerranée, abbaye Saint-Victor (sauf la crypte), parc Borély, Muséum d'histoire naturelle (dim. mat.), jardin Valmer, musée d'Art sacré d'Allauch. De nombreux événements gratuits ont lieu toute l'année (p. 16-17).

Pour plus de sorties et d'événements gratuits : http://13.agendaculturel.fr

ET LE BUDGET ?

La vie à Marseille est moins chère qu'à Paris. En plus de l'hôtel (voir notre sélection p. 198) et du voyage, prévoyez un budget de **60 € par personne et par jour pour profiter de la ville, de ses musées, de ses restaurants et de sa vie noctune.** Un café au comptoir vous coûtera 1 €, un pastis 2,50 €, mais une bonne bouillabaisse entre 40 et 50 € ! Comptez environ 10 € pour une visite guidée de la ville, 5 € pour les musées municipaux, 8 € pour une exposition temporaire au Mucem.

Nos hôtels PAR QUARTIER

Le Vieux-Port et la Canebière (Quartier 1 - p. 22)

HÔTEL HERMÈS

Vingt-neuf chambres simples et confortables juste à l'arrière du Vieux-Port. Coup de cœur pour la chambre nuptiale (135 €) conçue comme une cabine de bateau. Dès que le temps le permet, n'hésitez pas à profiter du toit-terrasse : le panorama est à couper le souffle.

2, rue Bonneterie, 2e arr. (Plan I7)
• M° Vieux-Port • ☎ 04 96 11 63 63
• www.hotelmarseille.com
• 95 € ; petit déjeuner : 9 €.

LA RÉSIDENCE DU VIEUX-PORT

Le design des années 1950 façon Le Corbusier conjugué au confort moderne : voilà à quoi ressemblent les chambres de cette résidence du groupe Splendia. La plupart ont une terrasse donnant sur le Vieux-Port : magique à toute heure ! On aime aussi le salon-bibliothèque avec ses vitraux et sa banquette multicolore.

18, quai du Port, 2e arr. (Plan I7)
• M° Vieux-Port • ☎ 04 91 91 91 22
• www.hotel-residence-marseille.com
• Résa sur www.reservit.com
• De 80 à 200 € ; petit déjeuner : 19 €.

M GALLERY GRAND HÔTEL BEAUVAU

Le plus vieil hôtel de Marseille, du groupe Accor, jouit d'une situation centrale sur le Vieux-Port. Ses chambres tout confort, où Chopin et Lamartine ont séjourné, ont le charme de l'ancien en plus. Ambiance feutrée, room service aux petits soins et terrasse avec vue !

4, rue Beauvau, 1er arr. (Plan I7)
• M° Vieux-Port • ☎ 04 91 54 91 00
• www.mgallery.com
ou www.accorhotels.com
• 220 € ; petit déjeuner : 25 €.

Le quartier de la Joliette (Quartier 4 - p. 46)

B&B MARSEILLE CENTRE LA JOLIETTE

Habitué à recevoir les entreprises en semaine, ce grand hôtel du quartier de la Joliette baisse ses prix le week-end. La décoration des chambres est sobre et les douches sont spacieuses.

52, rue de Forbin, 2e arr. (Plan B2)
• M° Joliette • ☎ 0892 70 22 18
• www.hotel-bb.com • De 55 à 75 € ; petit déjeuner : 6,15 € ; place de parking : 15 €.

De Saint-Charles à Longchamp (Quartier 5 - p. 52)

HÔTEL VERTIGO MARSEILLE CENTRE

C'est le grand frère du Vertigo au sud du Vieux-Port : même ambiance décontractée et familiale à 50 m de la gare. Les chambres sont réparties entre deux bâtiments reliés par une cour où tout le monde vient se détendre. On adore les deux cabanons de ville situés dans la cour (55-80 €) : sommaire mais typique !

42, rue des Petites-Maries, 1er arr. (Plan D3) • M° Saint-Charles • ☎ 04 91 91 07 11 • www.hotelvertigo.fr • De 60 à 80 € ; petit déjeuner : 5 €.

NEW HÔTEL SAINT-CHARLES

Idéalement situé entre la gare Saint-Charles, la Canebière et le Vieux-Port, cet hôtel permet de sillonner la ville à pied. Superbe jardin d'hiver.

4, allée Léon-Gambetta, 1er arr. (Plan D3) • M° Noailles • ☎ 04 91 95 09 09 • www.new-hotel.com • De 65 à 115 € ; petit déjeuner : 16 €.

PENSION EDELWEISS

Bienvenue chez Bernadette, une Suissesse tombée amoureuse de Marseille. Sa pension, située dans un immeuble Art déco, dispose de 5 chambres à la déco rétro. Ambiance familiale garantie.

6, rue Lafayette, 1er arr. (Plan D3) • M° Réformés-Canebière • ☎ 09 51 23 35 11 • www.pension-edelweiss.fr • À partir de 85 €.

CASA ORTEGA

Dépaysement assuré à la Casa Ortega avec ses 5 chambres d'hôtes au confort moderne et à la déco rétro-design et latino très stylée !

46, rue des Petites-Maries, 1er arr. (Plan D3) • M° Saint-Charles • ☎ 06 80 62 53 21 • www.casa-ortega.fr • De 90 à 110 €.

Noailles et la Plaine (Quartier 6 - p. 58)

LE SAINT-LOUIS

Un hôtel écologique en plein Noailles ! Chambres charmantes et coquettes toutes équipées d'une literie confortable, d'un bureau, d'une télé et d'une station d'accueil iPod-radio. Attention à ne pas confondre l'entrée de l'hôtel avec celle du meublé Saint-Louis situé juste à côté... Les clients se trompent assez souvent.

2, rue des Récolettes, 1er arr. (Plan C3) • M° Noailles • ☎ 04 91 54 02 74 • www.hotel-st-louis.com • De 84 à 120 € ; petit déjeuner bio : 12 €.

LE RYAD HÔTEL

Tomettes au sol, lit en fer forgé, méridienne, alcôve, bougies et lampes en cuivre : le Ryad est une oasis marocaine à deux pas de la Canebière. Il y a même un patio planté d'arbustes et de fleurs, dont tout le monde profite, et un petit déjeuner-buffet à la franco-marocaine.

16, rue Sénac-de-Meilhan, 1er arr. (Plan D3) • M° Noailles • ☎ 04 91 47 74 54 • www.leryad.fr • De 95 à 140 € ; petit déjeuner : 13 €.

Mama Shelter

MAMA SHELTER

Vous cherchez un endroit tout en un où dormir, manger et faire la fête ? Direction le Mama Shelter. Impossible de s'ennuyer dans ce cocon design à la déco brute et épurée : chambre high-tech, film gratuit, resto, bar à pastis, baby-foot, soirées DJ... Et le dimanche, c'est brunch ! Personnel jeune, branché, sympathique et plein de bons conseils.

64, rue de la Loubière, 6e arr. (Plan E4) • M° Notre-Dame-du-Mont • ☎ 04 84 35 21 00 • www.mamashelter.com/marseille • De 69 à 129 € ; petit déjeuner : 15 €.

Le quartier de la Préfecture (Quartier 7 - p. 62)

DECOH

Pour ceux qui cherchent confort et indépendance lors de leur séjour, les appartements et studios de Decoh sont tout indiqués. Chambres confortables, séjour spacieux, déco design

et cuisine aménagée, le tout au cœur de la Marseille chic.
33, rue du Dragon et 211, rue de Paradis, 6e arr. (Plan D5) • M° Castellane • ☎ 06 14 56 38 87 • www.decoh.fr • Studio : de 69 à 115 €, séjour min. 2 j. (pas de petit déjeuner).

HÔTEL EDMOND ROSTAND

Entièrement refaites en 2012, les 15 chambres coquettes et insonorisées de cet hôtel du quartier des Antiquaires offrent tout le confort nécessaire. Consultez les promos fréquentes du week-end ! Sur place, le Café Edmond, à la déco vintage de meubles chinés, ravira les adeptes des pauses-café accompagnées de jus de fruits frais et de pâtisseries maison.
31, rue du Dragon, 6e arr. (Plan D5) • M° Castellane ou Estrangin-Préfecture • ☎ 04 91 37 74 95 • www.hoteledmondrostand.com • De 60 à 150 € ; petit déjeuner : 10 €.

Le sud du Vieux-Port et Notre-Dame (Quartier 8 - p. 66)

HÔTEL VERTIGO

Ici, les touristes sont accueillis avec décontraction. Depuis 2010, ces sublimes bâtiments des anciens arsenaux abritent un hôtel à la déco de bric et de broc. Seulement 6 chambres doubles mais plein de dortoirs 4 places (32,50 €/pers.), tous équipés du Wifi et de sanitaires. Difficile de trouver un meilleur rapport qualité-prix aussi près du Vieux-Port. Résultat : une clientèle jeune avec sac à dos !
38, rue Fort-Notre-Dame, 7e arr. (Plan I8) • M° Vieux-Port • ☎ 04 91 54 42 95 • www.hotelvertigo.fr • De 60 à 65 €.

CASA HONORÉ

Luxe, calme et volupté : Annick, la créatrice de la marque de déco Honoré, vous accueille dans sa Casa design. Cette ancienne imprimerie, dotée de 4 chambres spacieuses et lumineuses, ouvre sur un patio avec piscine. Génial !
123, rue Sainte, 7e arr. (Plan H8) • M° Estrangin-Préfecture • ☎ 04 96 11 01 62 • www.casahonore.com • De 150 à 200 €.

NEW HOTEL OF MARSEILLE

Cent chambres relookées à la déco moderne et épurée, plus une piscine extérieure avec solarium, une galerie d'art et une vigne ! Oui, depuis 2013, l'hôtel a son propre vin !
71, bd Charles-Livon, 7e arr. (Plan B4) • M° Vieux-Port, bus n° 82 ou 83 (arrêt Le Pharo) • ☎ 04 91 31 53 15 • www.new-hotel.com • À partir de 110 € ; petit déjeuner : 16 €.

Le long de la corniche Kennedy (Quartier 9 - p. 72)

PETIT NICE PASSÉDAT

Trois générations que les Passédat sont à la tête de ce bijou sur l'anse de la Fausse-Monnaie. Belles chambres contemporaines côté Petit Nice, classiques côté marina, avec vue sur la mer. Piscine extérieure et excellente table (p. 129).
17, rue des Braves, corniche J.-F.-Kennedy, 7e arr. (HP par A5) • M° Vieux-Port, puis bus n° 83 (arrêt Fausse-Monnaie) • ☎ 04 91 59 25 92 • www.passedat.fr • De 150 à 350 €.

LA LUNA

Un petit paradis perdu sur la route des calanques : c'est La Luna et ses 3 chambres d'hôtes sobres et modernes, dans une maison d'architecte. Vue sur la mer, sauna et Jacuzzi creusé dans la roche !
4, impasse de la Lune, 7e arr. (HP par A5) • M° Vieux-Port, puis bus n° 83 (arrêt Vallon-de-la-Baudille) • ☎ 06 71 62 50 36 • www.luna-marseille.fr • De 100 à 120 €.

HÔTEL PERON

Construit en 1925 face à la mer, cet hôtel au charme un peu suranné propose 26 chambres inspirées du Maroc, de la Provence ou de l'Asie. Seules 14 sont climatisées.
119, corniche J.-F.-Kennedy, 7e arr. (Plan A5) • M° Vieux-Port, puis bus n° 83 (arrêt Corniche-Frégier) • ☎ 04 91 31 01 41 • www.hotelperon.com • De 75 à 125 € ; petit déjeuner : 10 €.

Les plages et les quartiers sud (Quartier 10 - p. 78)

HÔTEL LE CORBUSIER

Au 3e étage de la Cité Radieuse de Le Corbusier, chambres, studios et cabines sont tous d'origine : retour vers les *fifties* assuré !
280, bd Michelet, 8e arr. (HP par B5) • M° Rond-Point-du-Prado, puis bus n° 21 ou 22 (arrêt Le-Corbusier) • ☎ 04 91 16 78 00 • www.gerardin-corbusier.com • De 79 à 158 € ; petit déjeuner : 11 €.

Les calanques (Quartier 11 - p. 84)

HÔTEL 96

Quatre générations de la famille Racine cohabitent sous le même toit. Elles ont transformé une partie de la propriété, située aux portes des calanques, en 13 chambres agréables. Piscine, décor de verdure, confort, déco design et petit déjeuner maison.

96, av. de la Soude, 9e arr. (HP par C5) • M° Rond-Point-du-Prado, puis bus n° 22 (arrêt Morgiou-Rosiers) • ☎ 04 91 71 90 22 • www.hotel96.com • De 89 à 129 € ; petit déjeuner : 14 €.

Hôtel 96

L'Estaque (Quartier 13 - p. 94)

BENIDORM

Des chambres confortables mais spartiates à des prix défiant toute concurrence. Demandez-en une avec vue sur la mer et le port de l'Estaque, c'est magique ! Petit déjeuner sur la terrasse ombragée.

734, ch. du Littoral, 16e arr. (HP par A1) • M° Joliette, puis bus n° 35 (arrêt Fontaine-des-Tuiles) • ☎ 04 91 46 12 91 • www.hotelbenidormlestaque.org • De 47 à 57 € ; petit déjeuner : 6 €.

Une nuit sous les étoiles

Pour ceux qui recherchent des émotions et un hébergement insolite, il existe à Allauch un hôtel Attrap'Rêves. Abrité sous une bulle transparente tout confort, implantée dans une immense pinède provençale, on redécouvre les charmes des nuits à la belle étoile… sans ses inconvénients ! Entre 109 et 139 € le pack constellations qui comprend la nuitée pour deux personnes, le prêt du télescope et de la carte du ciel et le petit déjeuner.

Attrap'Rêves : chemin de la Ribassière, Allauch • ☎ 04 91 72 10 89 • www.attrap-reves.com

Index

Q-R

S

T

V

CRÉDITS PHOTOGRAPHIQUES

Les photographies de cet ouvrage ont été réalisées par **Romain Boutillier** à l'exception de celles des pages suivantes :

© **Céline Faucon :** p. 14 (bas g.), p. 34 (bas dr.), p. 86, p. 105 (bas g.), p. 110, p. 123 (ht g.), p. 131, p. 159.
© **Géraldine Péron :** p. 41, p. 43.
© **Lylho/Leemage :** p. 99.
© **elophotos/Adobe Stock :** p. 2. **ChantalS/Adobe Stock :** p. 37.
© **Michel Cavalier/Hemis :** p. 19 ; **Matthieu Colin/Hemis :** p. 116, p. 135 (bas g.), p. 139, p. 145 ; **Bertrand Gardel/Hemis :** p. 8, p. 10 (bas g.), p. 12 ; **Laurent Giraudou/Hemis :** p. 73 ; **Camille Moirenc/Hemis :** p. 4 (ht), p. 5 (ht g.), p. 5 (milieu dr.), p. 7 (ht g.), p. 10 (milieu dr.), p. 11 (ht g.), p. 21, p. 47, p. 81, p. 107, p. 113, p. 150 ; **José Nicolas/Hemis :** p. 83 ; **Jean-Daniel Sudres/Hemis :** p. 176.
© **eFesenko/shutterstock.com :** p. 33, p. 35, p. 65 ; **photobeginner/shutterstock.com :** p. 67 ; **sigurcamp/shutterstock.com :** p. 45 ; **travelview/shutterstock.com :** p. 1 ; **Zyankarlo/shutterstock.com :** p. 6 (milieu dr.).
© **Valentin Chalandon /R2 :** p. 11 (bas g.).
© **Emki Pop :** p. 105 (ht dr.).
© **Yann Bouvier/Le Couteau :** p. 123 (bas dr.).
© **Baptiste Le Quiniou/La Ruche :** p. 140.
© **Maxime Le Roy/Gaspard :** p. 143.
© **Peggy Porquet/Madame Jeanne (Maison Buon) :** p. 121.
© **Francis Amiand/Mama Shelter :** p. 200.

© **Architectes Rudy Ricciotti et Roland Carta/Mucem :** p. 5, p. 43.
© **FLC/ADAGP, Paris 2018 et © ADAGP, Paris 2018 :** p. 9, p. 83.

Couverture
Plat 1, visuel principal (Mucem, fort Saint-Jean et cathédrale de la Major) : © Architectes Rudy Ricciotti et Roland Carta/Mucem et © CSP_bloodua/AGE Fotostock ; bas g. (Bazar du Panier) : © Camille Moirenc/Hemis ; bas dr. (Bar des 13 coins) : © Bertrand Gardel/Hemis.
Plat 4, ht (Malmousque) : © Romain Boutillier ; b. (Restaurant Peron) : © Romain Boutillier.

Dernière édition revue et enrichie par **Céline Faucon.**
Édition originale établie par **Marie-Hélène Chapelain.**

Direction : Nathalie Bloch-Pujo
Direction éditoriale : Cécile Petiau
Édition : Marine Barbier-Blin, Eulalie Chantreux, Émilie Lézénès, Géraldine Péron, Adam Stambul, Julie Wood
Suivi éditorial : Nelly Mégret
Lecture-correction : Emmanuelle Fernandez
Ont également collaboré à cet ouvrage : Anaëlle Feret, Lisa Fichter
Cartographie : Frédéric Clémençon et Aurélie Huot
Fabrication : Rémy Chauvière

Conception graphique de la couverture et de la maquette intérieure : Caroline Joubert • www.atelier-du-livre.fr
Mise en pages intérieure : Chrystel Arnould

Contact presse : rmazef@hachette-livre.fr - ☎ 01 43 92 36 66
Contact publicité : vhabert@hachette-livre.fr - ☎ 01 43 92 32 52

Aussi soigneusement qu'il ait été établi, ce guide n'est pas à l'abri des changements de dernière heure, d'erreurs ou omissions. Ne manquez pas de nous faire part de vos remarques. Informez-nous aussi de vos découvertes personnelles, nous accordons la plus grande importance au courrier de nos lecteurs :

Guides Un Grand Week-end - Hachette Tourisme - 58, rue Jean-Bleuzen 92 170 Vanves
weekend@hachette-livre.fr
Facebook @GuidesUnGrandWeekend • **Instagram** @ungrandweekend
• **Twitter** @ungrandweekenda

Édité par Hachette Livre (58, rue Jean-Bleuzen, CS 70007, 92 178 Vanves Cedex)
Imprimé par Polygraf (Capajevova 44, 08199 Presov, Slovaquie)
Achevé d'imprimer : mars 2018
ISBN : 978-2-01-700846-0 - 63-3728-7
Dépôt légal : mars 2018 - Collection n°44 - Édition : 01